**読むだけで英単熟語1200が身につく!**

# 語源で英語力を磨く本

Your English skill will improve remakably with word origins.

デイビッド・セイン

永岡書店

## はじめに

初めて出会う英単語を前に、あなたは何か考えたことがありますか？
「そういう意味なのか」もしくは「そんなことよりとにかく覚えなければ」、そう思う方が多いのではないでしょうか。
単語を深く考えるチャンスなどはほとんどないのかもしれません。

これは人との出会いの状況に少し似ています。
顔見知りになり友達として日々を過ごすうちに、なんとなくその人のことがほとんど分かった気になります。
でも、例えばその人の家族に会ったり話しをした時など、あなたが抱いていたその人に対する印象が変わった経験はありませんか？
「ふーん」と退屈することもあるかもしれませんし、逆に「こんなおもしろい人だったんだ！」とより関心を持つことがあるかもしれません。
なぜなら人にはみな過去があり、歴史がある。時には秘密にしたいようなものだったりすることだってあるからなのです。

単語はとても奥が深いもの。英単語も漢字と同様、語源があり身近な単語にも本来の意味があるのです。いつも何気なく使っていた単語や、難しくてなかなか覚えられなかった単語には分かっていたようで実際は分かっていなかったことが多いのです。
語源を知れば、身近な単語や難解で覚えにくい単語でも楽しく学習でき、知らず知らずのうちに身につきます。

英単語の秘密や裏話など、目からウロコの英語の語源や成り立ちが満載です。英語学習や雑学のネタ本としても役立つことをお約束します。

デイビッド・セイン

# 目次

## 第1章 単語の意外な関係

■ **mouse** ... 18
筋肉(muscle)って小さなネズミ(mouse)のこと!?

■ **escape** ... 20
マント(cape)を脱ぎ捨てて逃亡(escape)!?

■ **ball** ... 21
ボール(ball)って投票用紙(ballot)のこと!?

■ **arm** ... 23
武器(arm)を持てと警告(alarm)する!?

■ **bench** ... 25
昔、銀行(bank)はベンチ(bench)の後ろにあった!?

■ **daisy** ... 27
日中(day)に咲くからデイジー(daisy)なんです!?

■ **god** ... 29
さようなら(goodbye)は神(god)のご加護の意味!?

■ **lion** ... 31
タンポポ(dandelion)はライオン(lion)の歯のこと!?

■ **capital** ... 32
頭に関係がある帽子(cap)と死刑(capital punishment)の共通点!?

■ **cure** ... 34
的確(accurate)に治療(cure)すれば医療ミスが少なくなります!?

## ■ principal ············································· 35
王子(prince)と校長先生(principal)は共に最も重要な人!?

## ■ telescope ············································ 37
遠くのものを見るテレビ(television)と望遠鏡(telescope)!?

## ■ spect ················································· 40
期待する(expect)と観客(spectator)は何かを見ていることを表す!?

## ■ convert ··············································· 42
毎年回ってくる記念日(anniversary)と、当初の目的から外れた変質者(pervert)の共通点!?

## ■ uni ···················································· 43
一つの場所ですべてが回る大学(university)と宇宙(universe)!?

## ■ salt ···················································· 45
昔給料(salary)は塩(salt)で支払われていました!?

## ■ politician ············································ 47
都市や政府に関係する警察官(police)と政治家(politician)!?

## ■ octopus ·············································· 49
10月(October)とタコ(octopus)は8を表します!?

## ■ similar ··············································· 51
一つだけの意味を表す単純(simple)と類似(similar)!?

## ■ sign ·················································· 53
サインをすると看板(sign)になり、サインを取り除くと辞任(resign)になる!?

## ■ grenade ·············································· 55
ザクロ(pomegranate)に似ている手榴弾(grenade)!?

■ **molest** ･････････････････････････････････････････････････ 58
分子（molecule）と性的ないたずら（molest）!?

■ **cap** ･････････････････････････････････････････････････････ 59
章（chapter）と キャベツ（cabbage）の関係 !?

■ **wine** ･･･････････････････････････････････････････････････ 61
コーヒー（coffee）はワイン（wine）からできている !?

■ **quack** ･････････････････････････････････････････････････ 62
やぶ医者（quack）はガーガー（quack）と鳴く !?

■ **five** ･････････････････････････････････････････････････････ 64
ポンチ（punch）は5つ（five）の材料から作られる !?

■ **hash** ･･･････････････････････････････････････････････････ 66
麻薬（hash）を吸う暗殺者（assassin）!?

■ **avocados** ････････････････････････････････････････････ 68
アボカド（avocados）って睾丸（testicles）のこと !?

■ **dice** ･････････････････････････････････････････････････････ 70
危険（hazard）なサイコロ（dice）!?

■ **malignant** ･･･････････････････････････････････････････ 72
悪い（mal）空気（aria）が原因のマラリア（malaria）!?

■ **pedigree** ････････････････････････････････････････････ 73
足に関係する血統書（pedigree）と歩行者（pedestrian）!?

■ **acute 1** ･･････････････････････････････････････････････ 75
酸（acid）と鍼治療（acupuncture）は鋭い痛みのこと !?

コラム1　ボキャブラリーを2倍に増やす方法･･････････ 78

## 第2章　語源が分かれば覚えやすい単語

■ **renovate** ･･････････････････････････････････････････････ 80
「リニューアルします」と言ってもちんぷんかんぷん？

■ **break** ･････････････････････････････････････････････････ 81
broke の意味は「金欠」や「無一文」。でもやっぱり「壊した」から broke なのです

■ **acute 2** ･･･････････････････････････････････････････････ 84
東洋医学の鍼（はり）acupuncture も今やインターナショナルです

■ **autograph** ････････････････････････････････････････････ 86
Sign here, please. と叫んでも、サインはもらえません

■ **conserve** ･････････････････････････････････････････････ 88
この言葉、コンサバ系と関係があるの？

■ **audio** ･････････････････････････････････････････････････ 89
オーディエンス、オーディオ、オーディション…。共通する言葉とは？

■ **international** ･･････････････････････････････････････････ 92
inter と nation、international を使わなければ世界は語れません

■ **press** ･････････････････････････････････････････････････ 94
depressed, impressed, express…などなど、みんな「押されている」はずですが？

■ **man** ･･･････････････････････････････････････････････････ 96
人（man）が造るから manufacture と考えるのは素人？

■ **contain** ･･･････････････････････････････････････････････ 98
contain に er をつけるとコンテナ。何でもかんでも一緒に

入れるから？

■ **deadline** ························· 100
deadline とは、生死を区切る1本の線、「死線」のことですか？

■ **state** ···························· 102
stat が「状況」であれば、色々な単語が見えてきます

■ **sentimental** ······················ 104
ment を知れば、あんな単語、こんな単語の語源が見えます

■ **contradict** ························ 106
矛と盾…！

■ **centipede** ························ 107
百足、100本の足はムカデと呼びます

コラム2　接尾辞を付けてみると…！（その1） ········ 110

## 第3章　音のイメージで覚える英単語

■ **none** ····························· 112
ヌ (n-) で始まる単語は"ゼロ"を表す

■ **soup** ····························· 114
サ・シ・ス (s-) で始まる単語は"液体"のイメージを表す

■ **push** ····························· 118
プ・ペ (p-) で始まる単語は"困らせる"イメージ

■ **stop** ····························· 120
ストゥ (st-) で始まる単語は"止まっている"イメージ

■ **petty** ···························· 123
パ・ペ・ピ (pa-)(pe-)(pi-) で始まる単語は"小さい"イメージ

■ **crash** ……………………………………………………… 127
クラ (cr-) で始まる単語は"しわくちゃ"のイメージ

■ **brake** ……………………………………………………… 129
バ・ブ・ボ (ba-) (bu-) (bo-) で始まる単語は"じゃまする"イメージ

■ **cave** ……………………………………………………… 132
カ、キ、ク、ケ、コ (c-) で始まる単語は"隠れる"イメージ

■ **scam** ……………………………………………………… 135
サ・シ・ス・セ・ソ (s-) で始まる単語は"にせ"のイメージ

## 第4章 和製英語の不思議

■ **outlet** ……………………………………………………… 140
コンセント
家の中にあるけどアウトレット？

■ **remodel** ……………………………………………………… 142
リフォーム
家族の大改革を宣言しますか？

■ **enthusiasm** ……………………………………………………… 144
マニア
マニアの使い方にはご用心！

■ **apartment** ……………………………………………………… 145
マンション
どんなに高級でも「マンション」は"アパート"

■ **reception** ……………………………………………………… 147
フロント
フロントで待ち合わせ？危険な待ち合わせかも？

■ **sensitive** ·········· 149
ナイーブ
ナイーブは誉め言葉にはなりません

■ **complaint** ·········· 150
クレーム
クレームを言いたいのに通じない!?

■ **space heater** ·········· 152
ストーブ
台所のストーブで暖まります

■ **underpants** ·········· 154
パンツ
どっちのパンツ?

■ **warmer** ·········· 155
カイロ
確かにエジプトのカイロは温かい!?

■ **gut** ·········· 157
ガッツポーズ
うれしいときは、おなかを突き出す?

■ **bottleneck** ·········· 159
ネック
「それが首なんだよ!」と言われても…!?

■ **cast** ·········· 161
ギプス
なにを「くれる」の?

■ **quota** ·········· 162
ノルマ
「ノルマ」って、どんなかわいい子?

■ **beauty** ······ 164
エステ
「美学」の勉強をしてるの？

■ **survey** ······ 166
アンケート
「足首の飾りをお願い」ってどういうこと？

■ **stapler** ······ 167
ホッチキス
「熱いキスして」なんて、言ってないし！

## 第5章　色の英単語

■ **red** ······ 170
赤
忠誠、忠義のシンボルです

■ **white** ······ 172
白
ごまかし、恐怖、やっかいなもの

■ **black** ······ 175
黒
家族や仲間のもて余し者なのです

■ **yellow** ······ 178
黄色
愛と信頼と尊敬の色でもあるのです

■ **green** ······ 180
緑色
ゴーサインは緑色

■ **blue** ............................................................ 183
青
めったにないことは、Once in a blue moon.
■ **pink** ............................................................ 185
ピンク
ピンク色の肌は赤ちゃんの色
コラム3　接尾辞を付けてみると…！(その2) ............ 188

## 第6章　動物の英単語

■ **dog 1.** ......................................................... 190
犬1.
underdog って負け犬のこと？
■ **dog 2.** ......................................................... 191
犬2.
She's a dog. は彼女は犬ってこと？
■ **dog 3.** ......................................................... 192
犬3.
dog-ear で雑誌にしるしを付けましょう

■ **fox** ............................................................. 195
キツネ
You're a fox. と言われると、嬉しいですか？
■ **bull** ............................................................ 197
牡牛
bull market って一体どんなマーケット？

■ **horse** ································································· 199
馬
work like a horse のように、せっせと働きましょう

■ **duck** ··································································· 201
アヒル
Duck! おい！頭に気をつけろ！

■ **kitten** ································································· 203
ネコ
young cat ってどんなネコ？

■ **kangaroo** ····························································· 205
カンガルー
「あなたの言っていることが分からない」が名前になった？

■ **monkey** ······························································· 207
サル
サルの名前は Moneke です

コラム 4　接尾辞を付けてみると…！(その 3) ················· 210

## 第 7 章　体の英単語

■ **arm** ····································································· 212
腕
「腕をねじる」ってどういうこと？

■ **knee** ··································································· 214
ひざ
「ひざをつく」とは…？

■ **hair** ···································································· 216
髪

「打ち解ける」ためにすることは？

■ **finger 1** ················· **219**
指
「指さす」とはどんな意味？

■ **thumb** ··················· **221**
親指
「親指を鼻につける」のはどんなとき？

■ **eye** ······················ **224**
目
「まばたきをまったくしない」顔とは？

■ **feet** ····················· **226**
足
グズグズするときに引きずるものは何？

■ **finger 2** ················· **228**
指
グッドラックのジェスチャーって？

■ **shoulder** ················· **230**
肩
「同情を求める」ときは、相手のどこで泣く？

■ **lip** ······················ **233**
唇
「唇をなめる」気持ちとは？

■ **back** ····················· **235**
背中
「背中をたたく」とは？

## 第8章　単語同士を足して出来た単語

- **aircraft** ……………………………………… 238
  空気＋船→飛行機
- **brainstorm** …………………………………… 239
  脳＋嵐→突然思い浮かぶ妙案
- **evergreen** …………………………………… 241
  永久＋緑→常緑
- **fingerprint** …………………………………… 243
  指＋跡→指紋
- **henpeck** ……………………………………… 245
  鶏＋つつく→〔男が〕尻に敷かれた
- **landmark** …………………………………… 247
  土地＋印→目印（めじるし）
- **potluck** ……………………………………… 248
  鍋＋運→持ち寄りパーティー
- **seaweed** ……………………………………… 250
  海＋雑草→海藻、海草
- **seasick** ……………………………………… 252
  海＋病気→船酔い
- **heartbeat** …………………………………… 253
  心臓＋たたいて出る音→心拍

chapter

1

## 単語の意外な関係

　ほとんどの英単語はある組み合わせで成り立っていることが多いようです。

　一見見慣れた英単語の一つひとつにも歴史があります。これは漢字のへんとつくりにそれぞれ意味が込められているように、英単語の成り立ちを分析してみると、そこから色々なメッセージを汲み取ることができます。

　例えば、二つの単語が一つになったときの理由として、「形が似ているから」「読み方が似ているから」「ラテン語、または他の言語に由来しているから」「宗教から」と単語の成り立ちには色々な説が存在しているのです。

　このように単語のイメージがわかると英単語の意味も覚えやすくなりますし、そこにさまざまなメッセージを汲み取ることが可能です。これからも単語同士がくっついて、さらに新しい単語が生まれるかも知れませんね。

## mouse
### 筋肉 (muscle) って小さなネズミ (mouse) のこと!?

ローマ人は、運動競技に参加する人々の筋肉が、盛り上がったり見えなくなったりする様子を見て、物陰に隠れたり顔を出したりして遊ぶ小さなネズミに似ていると考えて筋肉を、「小さなネズミ」を意味する musculus と呼ぶようになりました。

また、「ムール貝」を指す mussel も「小さなネズミ」という意味で、ムール貝が海に住むネズミのように見えることから名付けられたと言われています。

### すぐに覚えられる関連語

| | |
|---|---|
| □ **muscular** [mʌ́skjulər] | 筋肉の発達した、がっしりした |
| □ **musclehead** [mʌ́slhèd] | ばか、あほ、とんま、間抜け、能なし、愚か者（おろかもの）、鈍物（どんぶつ） ☞ 頭の中には脳よりも筋肉の方が多く入っているイメージから。 |
| □ **muscleman** [mʌ́slmən] | 筋骨たくましい男性 |
| □ **muscular dystrophy** | 筋ジストロフィー |
| □ **mussel** [mʌ́s(ə)l] | 貽貝（いがい）、ムール貝 |
| □ **mousy** [máusi] | （特に女性が）さえない、魅力のない |

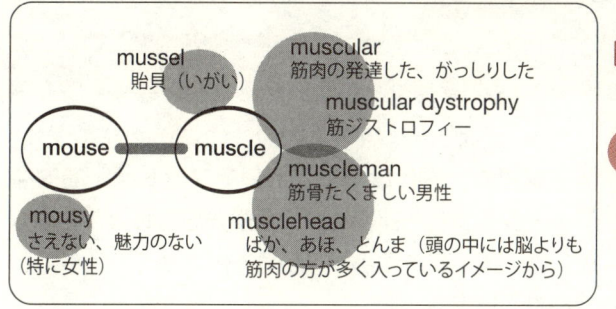

> リアルに使える例文

### Lifting weights is a good way to make your muscles bigger.
筋肉を大きくしたいのであれば、ウエイトトレーニングがぴったりです。

### The cat chased the mouse.
ネコはネズミを追いかけました。

### Mussels are a delicious seafood.
ムール貝は美味しいシーフードです。

### If you want to become more muscular, you should join a gym.
もしもっと筋肉をつけたいのなら、ジムに入会すべきだ。

## escape
### マント (cape) を脱ぎ捨てて逃亡 (escape)!?

　escape はラテン語で「マント（外套）を脱ぐ」という意味です。古代ローマにおいてマントは一般的なファッションの一部であり、危険から逃れようとする時には、早く走れるよう、これを脱ぎ捨てて走ったと言われています。

　escape という言葉はもともと ex cappa で、ex には「脱ぐ」や「離れる」といった意味があります。つまり escape は、マントを脱ぎ捨てて安全なところへと走り去ることから来ています。

　ちなみにネイティブの多くは今でも、escape を excape と発音します。実際に聞いていると語感はおかしいのですが、何百年も前の発音を受け継いでいることになります。

### すぐに覚えられる関連語

| | |
|---|---|
| □ **cap** [kǽp] | 野球帽、頂点 |
| □ **chapel** [tʃǽpəl] | 礼拝堂 |
| □ **escalator** [éskəlèitər] | エスカレーター |
| □ **ex-husband** [ékshʌ̀zbənd] | 前夫 |

| □ **expand** [ikspǽnd] | 大きくなる、拡大する、膨らむ<br>☞ ゴムのように伸縮性のあるものが引っ張られて広がる感じ。 |
| --- | --- |
| □ **extract** [ikstrǽkt] | 抜く、摘出する |

**リアルに使える例文**

Many superheroes wear capes.
多くのヒーローは、マントを着けている。

Last night three prisoners escaped from jail.
昨夜、3名の囚人が脱獄した。

## ball
### ボール (ball) って投票用紙 (ballot) のこと!?

　私たちは通常、用紙にしるしを付ける形で投票を行いますが、かつて、選挙はボールを用いて行われていました。

　投票用紙を意味する ballot は、実のところ、ball に由来します。イタリアでは昔、ボールを箱に落とすことで票を投じていたそうで、これを ballotta と呼んでいたことから、現代の ballot という言葉が生まれたと言われています。

　また、もう一つ関係の深い単語があります。

blackball はグループへの新たな加入に対する反対票を意味します。クラブやグループに加入したいという新たなメンバーがいる場合、既存のメンバーは白または黒のボールを箱に投じることで、そのメンバーを迎え入れるかどうかを表明していました。

黒のボールは加入を認めないという意味を持っていたことから、blackball は反対票やグループからの追放を意味するようになったそうです。

そのほか bullet も ball から派生した言葉です。

### すぐに覚えられる関連語

| | |
|---|---|
| ☐ **bullet** [búlit] | 銃弾、弾丸 |
| ☐ **bulletin board** | 掲示板 |
| ☐ **news bulletin** | 速報 ( ニュース )、公報 ☞ bulletin には弾丸 (bullet) のように速いという意味があるので news bulletin は速報として使われます。 |
| ☐ **ballot** [bǽlət] | 票、投票 |
| ☐ **ball** [bɔ́:l] | 玉、投球 |
| ☐ **blackball** [blǽkbɔ̀:l] | 反対投票 |

> リアルに使える例文

Please write the name of the candidate on your ballot.
投票用紙に候補者の名前を書いてください。

We couldn't play soccer because we lost our ball.
ボールを無くしてしまったので、サッカーは出来ませんでした。

I wanted to join the club, but I was blackballed.
クラブへの加入を希望しましたが、認められませんでした。

The doctor removed the bullet from the wounded soldier.
医者は負傷兵の身体から弾を摘出しました。

## arm
### 武器（arm）を持てと警告（alarm）する!?

arm には腕という意味のほか、武器という意味もあります。剣やこん棒が腕の延長のように見えることから、武器という意味で使われるようになりました。

alarm という言葉は、古フランス語 l'arme に由来します。l'arme は「武器を持て！」という意味で、見

張り役は敵を見つけるとこう叫び、その声を聞いた全軍は武器を構えることになっていました。

　armに由来する言葉は他にもたくさんあります。よろい（armor）や、よろいを身に着けているように見えるアルマジロ（armadillo）、そして、軍（army）もその一つです。

### すぐに覚えられる関連語

| ☐ **arm** [áːrm] | 腕、部門 |
|---|---|
| ☐ **armband** [áːrmbænd] | 腕章 |
| ☐ **armed** [áːrmd] | 武装した、武器を持った |
| ☐ **armor** [áːrmər] | よろい |
| ☐ **armadillo** [àːrmədílou] | アルマジロ(動物) |
| ☐ **army** [áːrmi] | 軍隊 |

### リアルに使える例文

My arms are sore from carrying my heavy suitcase.
重たいスーツケースを運んでいたので、腕が痛い。

The police are armed with pistols.
警察は拳銃で武装しています。

**The samurai put on his armor before the battle.**
侍は戦の前によろいを着けた。

**The armadillo's shell protects it from other animals.**
アルマジロの全身を覆う鱗甲板は、ほかの動物の攻撃から身を守る役割を果たします。

**It's one of the most powerful armies in the world because of its high-tech weapons.**
ハイテク武器を備えたこの軍隊は、世界でも有数の強さを誇ります。

## bench
### 昔、銀行（bank）はベンチ（bench）の後ろにあった!?

　今の時代、銀行はたいてい大きくて華やかなビルに入っていますが、数百年前、多くの人は金貸しを違法とみなしていました。キリスト教信者は利息を課すことを罪と信じていたため、金貸しの多くはユダヤ人でした。

　法的に認められた後も、金貸しは依然として一種いかがわしい商売とされ、フィレンツェでこうした商売を営む人々は質素なベンチの後ろに座っていたそうです。こうしたベンチは banco と呼ばれていたため、

お金を貸してもらう場所を bank と呼ぶようになりました。

## すぐに覚えられる関連語

| | |
|---|---|
| ☐ **benchmark**<br>[béntʃmà:rk] | 水準点、基準 |
| ☐ **benchwarmer**<br>[béntʃwɔ̀:rmər] | 控え選手 |
| ☐ **bankrupt**<br>[bǽŋkrʌpt] | 破産者、破産した ☞bank(銀行)+rupt(破れる・壊れる)から成り立っている単語で銀行が破れる、つまり破産するという意味になります。 |
| ☐ **bank on** | ～に頼る |
| ☐ **banquet** [bǽŋkwət] | 宴会 |
| ☐ **riverbank**<br>[rívərbæ̀ŋk] | 川岸、河岸 |

## リアルに使える例文

I sat on the bench and waited for the bus.
ベンチに腰掛け、バスが着くのを待っていました。

I went to the bank to open a new account.
新しい口座を開くために、銀行へ行きました。

## daisy
### 日中(day)に咲くからデイジー(daisy)なんです!?

　ネイティブは時折、英語の発音を曖昧にすることがあります。はっきりと発音をしないので単語同士がくっついてしまうのですが、daisy は正にそのようにして生まれた言葉です。このかわいらしい花はもともと、日光が当たると開き、夜になると閉じるその性質から、「太陽の目」day's eye と言われていたそうです。

　一般的に幸福なイメージのあるデイジーですが、He's pushing up daisies. という表現は、死を意味します。お墓に葬られた人が地面の下からデイジーを押し上げている、ということですね。

## すぐに覚えられる関連語

| ☐ **daily** [déili] | 毎日の |
|---|---|
| ☐ **daybreak** [déibrèik] | 夜明け |
| ☐ **daydream** [déidri:m] | 夢想、空想 |
| ☐ **pushing up daisies** | 埋葬されて、死んで |
| ☐ **eyelash** [áilæʃ] | まつげ |
| ☐ **eyelet** [áilət] | ひも穴 ☞「鳩目(ハトメ)」と呼ばれる小さな穴を意味します。鳩の目のようにまん丸の形からきたとも言われています。 |

## リアルに使える例文

I spent all day at the beach.
1日海辺で過ごした。

Daisies are my favorite flower.
一番好きな花はデイジーです。

He got hit by a bus and now he's pushing up daisies.
彼はバスにはねられてしまい、今は安らかに眠っています。

We got up before daybreak to see the sunrise.
私たちは日の出を見るために、夜明け前に起きました。

## god
### さようなら (goodbye) は神 (god) のご加護の意味!?

goodbye という言葉は、実は "God be with ye." という4つの言葉から成り立っています (with は消えてしまいます)。ye というのは you を意味する古い言葉です。

数百年前、旅をすることは今よりもずっと危険なことであり、旅路において神のご加護があるように、という思いを込めてさようならを告げていたのです。

### すぐに覚えられる関連語

| | |
|---|---|
| □ **godly** [gádli] | 信心深い |
| □ **godless** [gádlis] | 罪深い |
| □ **God bless you.** | 幸運を祈る、神の祝福がありますように ☞ 感謝の言葉として用いられることが多いのですが、くしゃみをした人に対しても使われます。くしゃみをすると魂が肉体から抜け出て病気になるという迷信があり、そうならないように神に祈ることから。 |
| □ **godfather** [gádfà:ðər] | 名付け親、マフィアなどの首領 |
| □ **godsend** [gádsènd] | 幸運の出来事 |
| □ **good-for-nothing** | 役に立たない人、ろくでなし |

| □ **goods** [gúdz] | 商品 |

**リアルに使える例文**

Shiva, Allah, and Jesus Christ are all gods.
シバ、アラー、そしてイエス・キリストはみんな神です。

I said goodbye to my friend at the airport.
空港で友人に別れを告げました。

## タンポポ (dandelion) はライオン (lion) の歯のこと!?

英語でタンポポを意味する dandelion は、もともとフランス語から派生した言葉です。フランスでこの花は dent de lion、つまり「ライオンの歯」と呼ばれています。葉っぱがライオンの歯のようにギザギザだから、というのがその名前の由来だそうです。

dent は歯という意味だと知っていれば、dentist や denture といった言葉を覚えるのは簡単ですね。

### すぐに覚えられる関連語

| | |
|---|---|
| □ **dentist** [déntist] | 歯医者 |
| □ **dental floss** | デンタルフロス |
| □ **denture** [déntʃər] | 義歯、入れ歯 |
| □ **orthodontist** [ɔ̀ːrθədántist] | 歯科矯正医 |
| □ **dandelion** [dǽndəlàiən] | タンポポ |
| □ **lionize** [láiənàiz] | もてはやす、名士扱いする☞「ライオン」を「探し求めていた人」というたとえから、「有名人扱いする」という由来。 |

リアルに使える例文

I spent an hour picking all the dandelions out of my lawn.
芝生に生えたタンポポを、１時間かけて全部抜きました。

I had a toothache, so I went to the dentist.
歯が痛かったので、歯医者に行きました。

My grandmother can't eat popcorn because of her dentures.
おばあちゃんは入れ歯なので、ポップコーンが食べられません。

## capital
### 頭に関係がある帽子（cap）と死刑（capital punishment）の共通点!?

　帽子と死刑の共通点はなんでしょうか。そう、両者とも、頭に関係があります。帽子は頭に被りますし、死刑というと、首をはねるのが一般的な方法です。capは頭だと覚えると、たくさんの言葉の成り立ちについて、理解することができます。

　たとえば、統計などでよく出てくる per capita というラテン語。「一人当たり」という意味ですが、文字通り「頭一つ当たり」というところでしょうか。

capital city は首都で国の全てを司り、頭のような役割を果たしていますし、captain 船長や capital letter 大文字も cap に由来する言葉です。

### すぐに覚えられる関連語

| | |
|---|---|
| □ capital murder | 第一級殺人 |
| □ capital punishment | 極刑、死刑 |
| □ per capita | 一人当たり、一人につき |
| □ capital city | 首都 |
| □ capital letter | 大文字 ☞ ラテン語の「caput(= 頭)から」に由来する capital ですが、文の頭にくる文字ということから。 |
| □ capital offense | 死刑に値する犯罪 |

### リアルに使える例文

He wore a cap to keep the sun out of his eyes.
太陽が目に入るとまぶしいので、帽子をかぶった。

The serial killer received capital punishment.
連続殺人事件の犯人は、死刑になった。

## cure
### 的確 (accurate) に治療 (cure) すれば医療ミスが少なくなります!?

cure も accurate も、ラテン語 ad curare に由来する言葉です。ad curare は、「心配する」、「気を付ける」、「世話をする」といった意味を持っています。

お医者さんは病人を心配し、世話をすることで、病気を「治し」ます。accurate は cure から生まれた言葉です。

secure もまた、cure に由来します。secure の se は「〜がない」という意味ですから、「世話をする必要がない」、つまり安全ということになります。

また、現在好奇心があることを表す curious はもともと、「慎重」や「念入り」といった意味だったそうです。curious ということは、何かに関心を持っているということですから、やっぱり納得ですね。

### すぐに覚えられる関連語

| | |
|---|---|
| □ **care** [kéər] | 世話をする ☞care の語源ラテン語の caru には「悲しみ」という意味もあり、ケアとは根底に相手のことを思って悲しむというものがあるようです。 |
| □ **careful** [kéərf(ə)l] | 注意深い |

| □ concern [kənsə́ːrn] | 心配 |
|---|---|
| □ security [sikjú(ə)rəti] | 安全 |
| □ secure [sikjúər] | 不安のない、安心していられる |
| □ curious [kjú(ə)riəs] | 好奇心をそそる |

### リアルに使える例文

The medicine cured my illness completely.
病気は薬ですっかり治りました。

It seems like the weather report is never accurate.
天気予報はいつも外れる気がする。

## principal
### 王子 (prince) と校長先生 (principal) は共に最も重要な人!?

英語で校長先生はprincipal teacherと言いますが、たいていは省略して principal と呼ばれます。

principal は、prince と同じ語源に由来し、「一番」、「筆頭」、「王子」といった意味を持つ古いラテン語です。もともとは principalus と言い、「最も重要な」とい

う意味を表していたそうです。

### すぐに覚えられる関連語

| | |
|---|---|
| ☐ **principal** [prínsəp(ə)l] | 校長、学長 |
| ☐ **principality** [prìnsəpǽləti] | 公国 |
| ☐ **prime time** | ゴールデンアワー、ゴールデンタイム ☞prime には「最盛期」や「最も重要な」などの意味があり、この時間帯がテレビの視聴率が最も高いとされています。ちなみに午後7時〜11時頃を指す日本とは違い、英国などでは afternoon と言われています。 |
| ☐ **primary school** | 小学校 |
| ☐ **primitive** [prímətiv] | 原始的な |
| ☐ **prima donna** | オペラの花形女性歌手 |

### リアルに使える例文

**Prince Charles is the son of Queen Elizabeth.**
チャールズ皇太子はエリザベス女王の息子にあたります。

**The principal of our school is really strict.**
私たちの学校の校長先生は、とても厳しい。

## telescope
### 遠くのものを見るテレビ (television) と望遠鏡 (telescope) !?

　テレビと望遠鏡に共通しているのは、遠距離に関係しているということです。私たちはテレビを通じて遠くのものや人を見ることができますが、television は正にそのような意味になります。

　tele はギリシャ語で「遠く」、vision は「見ること」を意味していますから、この二つを合わせると「遠くを見る」になりますね。

　telescope も遠くのものを見るための道具ですが、scope も「見る」という意味です。

　このほかに tele が入っている言葉としては、telephone 電話、telemarketing 電話営業、telegram 電報、telephoto 電送写真、telepathy テレパシーなどがあります。

#### すぐに覚えられる関連語

| □ **telescope** [téləskòup] | 望遠鏡 |
| □ **telephone** [téləfòun] | 電話 |

| | |
|---|---|
| ☐ **telemarketer** [téləmàːrkitər] | 電話などの情報システムを活用したマーケティングを行う人 |
| ☐ **telegram** [téligræm] | 電報、電信 |
| ☐ **telepath** [téləpæθ] | テレパシー能力者 ☞tele は(遠く)、path または pathy は(心)で感覚とも言います。離れていても心を感じるという意味です。 |
| ☐ **telemarketing** [téləmàːrkitiŋ] | 電話営業 |
| ☐ **telebanking** [télibæŋkiŋ] | テレバンキング（自宅から電子通信で行う銀行取引） |

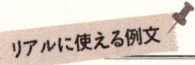

リアルに使える例文

I saw a good show on television last night.
昨夜、面白いテレビ番組を見ました。

The astronomer used his telescope to study the stars.
天文学者は望遠鏡で星を観察しました。

I called him on the telephone.
彼に電話をかけました。

A telemarketer called me, asking if I was interested in having my carpets cleaned.
電話販売の営業担当から電話があり、絨毯の清掃のご要望はありませんかと聞かれました。

We couldn't attend her wedding, so we sent a telegram.
彼女の結婚式には出席できなかったので、電報を送りました。

The telepath claimed he knew what others were thinking.
テレパシーの力を持っている彼は、他人の心が読めると主張しました。

## spect
期待する (expect) と観客 (spectator) は何かを見ていることを表す!?

spect は「見る」という意味だと知っていれば、expect と spectator のつながりもすぐに分かるはずです。

expect の ex は「外を」という意味ですから、expect は「何かを求めて外を見る」ことを表しています（英語の expect に「楽しみにする」といったニュアンスはなく、I expect he will die.「彼は死ぬと思います」という表現を使うこともあります）。

spectator にも spect が入っているので、「何かを見ている人」というイメージを想像するのは難しくないでしょう。

このほかにも、inspector（鑑定士）は何かを「詳しく見る人」、respect（尊敬）は「振り返って見る」こと、suspect（疑う）は信じていないものを「下から見上げる」こと、そして spectacle（壮観）の cle は「もの」という意味で、すばらしい景色を意味しています。

また、spect は species や special といった言葉の語源にもなっています。動物はそれぞれ「見た目」が違うことからグループに分類されており、これが species（種）と呼ばれるようになったのです。

speciesからさらに派生したのが、special（特別）です。特別であるということは、その他の種類と違うということを表しています。

### すぐに覚えられる関連語

| | |
|---|---|
| □ **respect** [rispékt] | 尊敬する ☞ re(再び、元へ)「再び何回も見る、振り返って見る」というイメージ。重要だからよく見る必要があるということ。重要人物は何度でも尊敬して見ますよね。 |
| □ **suspect** [səspékt] | ～を怪しいと思う |
| □ **spectacle** [spéktəkl] | 見世物、光景 |
| □ **species** [spíːʃi(ː)z] | 種、種類 |
| □ **special** [spéʃəl] | 特別な |
| □ **specific** [spisífik] | 明確な |
| □ **specimen** [spésəmən] | 見本 |

### リアルに使える例文

I'm expecting him to arrive at 3:00.
彼が3時に到着することを期待しています。

There were more than 12,000 spectators at the game.
試合には、1万2千人以上の観客が詰めかけました。

## convert
毎年回ってくる記念日(anniversary)と、当初の目的から外れた変質者(pervert)の共通点!?

ver は「回る」という意味であり、anniversary と pervert に共通するのが、この「回る」という要素です。

anniversary は、「年」を指す an と「回る」、「ねじる」という意味の ver から成り立っていて、文字通りに解釈すれば「毎年回ってくるもの」になります。

また pervert は、「離れる」の per と「回る」の vert なので、当初の目的から外れることを意味します。

pervert には変質者のほかにも、さまざまな意味があり、pervert the truth「真実をねじ曲げる」や perverted justice「歪んだ正義」といった言い回しもあります。

introvert(内向性)や extrovert(外向性)のほか、「わきへそらす」という意味の divert や「元に戻る」、「再発する」を意味する revert にも vert が入っています。

### すぐに覚えられる関連語

| □ **convert** [kənvə́:rt] | 変える、変形させる |
|---|---|
| □ **reverse** [rivə́:rs] | 反対の、逆の |

| □ **introvert** [íntrəvə̀:rt] | 内向性の人 |
| □ **extrovert** [ékstrəvə̀:rt] | 外向性の人 |
| □ **divert** [divə́:rt] | 方向転換する |
| □ **revert** [rivə́:rt] | 戻る、再発する |

### リアルに使える例文

We celebrated our wedding anniversary with a dinner at a fancy restaurant.
おしゃれなレストランでディナーを楽しみ、結婚記念日をお祝いしました。

The police arrested the pervert for exposing himself in public.
警察は公然わいせつ罪で変質者を逮捕した。

## uni
### 一つの場所ですべてが回る大学 (university) と宇宙 (universe) !?

uni は「1」を意味し、unicycle（一輪車）や unit（ユニット）といった言葉に用いられています。

universe と university には uni のほかにも、「回る」を意味する vert が使われています。

universe は宇宙を意味しますが、これは「すべてが一つになった」ことから生まれた言葉です。

また university は、実は universitas magistrorum et scholarium の省略形であり、「教授と学生の共同体」を意味しています。

### すぐに覚えられる関連語

| | |
|---|---|
| ☐ **unicycle** [júːnəsàikl] | 一輪車 |
| ☐ **unit** [júːnit] | 一つの、一個 |
| ☐ **unicorn** [júːnəkɔ̀ːrn] | 一角獣 ☞ 額の中央に一本の角が生えた馬に似た伝説の生き物で、ラテン語の unus「一つ」と comu「角」の合成語です。 |
| ☐ **uniform** [júːnəfɔ̀ːrm] | 制服 |
| ☐ **unified** [júːnəfàid] | 統一された |
| ☐ **union** [júːnjən] | 組合 |

### リアルに使える例文

Riding a unicycle is much harder than riding a bicycle.
一輪車を乗りこなすのは、自転車よりもずっと難しい。

Astronomers use telescopes to explore the universe.

天文学者は、望遠鏡を使って宇宙の調査を行う。

**He's doing his master's degree at a famous university.**
彼は有名大学の修士号課程で学んでいる。

## salt
### 昔給料（salary）は塩（salt）で支払われていました!?

　古代ローマの salarium という言葉から、雇用契約において支払われる給料を指す salary という言葉が生まれました。

　古代ローマにおいて、塩は食品の保存や味付けに欠かせない、重要かつ貴重な商品でした。あまりにも大事なものだったために、兵士の給料は塩で支払われていました。

　ラテン語で塩は sal といい、ここから salary という言葉ができたと言われています。ちなみに英語で salary は通常月給のことを指し、週給や時給は wage もしくは pay と表現します。

### すぐに覚えられる関連語

| □ **saltwater** [sɔ́:ltwɑ́:tər] | 塩水、海水 |
| --- | --- |
| □ **bathing salts** | 入浴剤 |
| □ **salad** [sǽləd] | サラダ ☞ ラテン語「sal」に由来しフランス語の「塩漬け」の意味 salata を経て salad になりました。 |
| □ **salad days** | 青春 |
| □ **saline** [séilàin] | 塩分を含む |
| □ **salami** [səlɑ́:mi] | サラミ |

### リアルに使える例文

His salary is over $100,000 a year.
彼の年俸は10万ドルを超える。

I like lots of salt on my popcorn.
ポップコーンには塩をたっぷり振るのが好きです。

The mackerel is a common saltwater fish.
サバは一般的な海水魚です。

Sometimes I like to take a bath with bathing salts.
ときどきバスソルトを入れて入浴するのが好きです。

## politician
### 都市や政府に関係する警察官（police）と政治家（politician）!?

言葉の中に pol が含まれていた場合、その言葉はおそらく都市や政府に関係するものだと考えることができます。

police（警察）、politics（政治）、politician（政治家）などは、「都市」という意味を持つギリシャ語 polis に由来する言葉です。スパルタやアテネ、ロードスなど、ギリシャの有名な古代都市の多くは、小さな国家であり、人々は polites と呼ばれていました。

この polites という言葉が転じて、政策を意味する英語 policy となり、police や politician といった言葉へとつながっています。

主要な都市を指す metropolis という言葉にも、poli が含まれていますね。

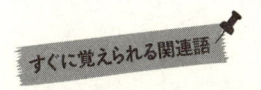

すぐに覚えられる関連語

| | |
|---|---|
| □ **metropolis**<br>[mətrɑ́p(ə)lis] | 主要な都市 ☞ ギリシャ語で metera（母）と polis（都市）をつなげたもの。ちなみに 1863 年にロンドンで開通した地下鉄の名称が Metropolitan Railway だったので、のちに metro（メトロ）が地下鉄の一般名詞として使われるようになりました。 |

| | |
|---|---|
| ☐ **policy** [púləsi] | 方針、方策 |
| ☐ **policy-maker** [púləsimèikər] | 政策立案者 |
| ☐ **Politburo** [púlitbjù(ə)rou] | 共産党政治局 |
| ☐ **police state** | 警察国家 |
| ☐ **police box** | 交番 |

### リアルに使える例文

The police are searching for the criminals.
警察は犯人たちを捜している。

The mayor said he got interested in politics because he wanted to help the poor.
政治に関心を持つようになったのは、貧しい人々を救いたかったからだと市長は話した。

Sometimes it's difficult for politicians to keep their election promises.
政治家にとって、選挙中の公約を守ることは難しい場合もある。

Tokyo is one of the world's largest metropolises.
東京は、世界でも有数の大きさを誇る主要都市です。

## octopus
### 10月(October)とタコ(octopus)は8を表します!?

octo は「8」を意味するのに、どうして October は 10 月なのでしょうか。

October はもともと古代ローマのカレンダーから生まれた言葉ですが、このカレンダーは月に基づくもので、1 年は 10 カ月しかありませんでした。当時 October は 8 番目の月でしたので、この名称は論理的なものだということが言えます。

octopus(タコ)はギリシャ語に由来し、足が 8 本あることから名付けられました。pus は足という意味です。

octagon(八角形)や octave(オクターブ)の octa も「8」を指しています。

### すぐに覚えられる関連語

| | |
|---|---|
| □ **octagon** [áktəgàn] | 八角形 ☞ octa は 8 つのという意味で gon は角の意味ですが、ラテン語の「8 番目」から来ています。因みに八角形の構造体を持った box を「オクタゴン・ケース」、「オクタゴン・ボックス」といって胴膨れを防ぐ強固な箱を称します。 |
| □ **octave** [áktiv] | オクターブ ☞ ド.レ.ミ.ファ.ソ.ラ.シ.ドで 8 個、8 音ですね。 |

| | |
|---|---|
| ☐ **octogenarian** [àktədʒəné(ə)riən] | 80歳の人 |
| ☐ **octet** [ɑktét] | 八重奏 |
| ☐ **octagon house** | 八角形の家 |
| ☐ **October Revolution** | ロシア革命 ☞1917年にロシア帝国で起きた2度の革命で、特に史上最初の社会主義国家樹立につながった十月革命を指す場合が多い。 |

#### リアルに使える例文

**Halloween is on October 31.**
ハロウィーンは10月31日です。

**Octopuses have eight legs and squids usually have ten.**
タコの足は8本ですが、イカの足はたいてい10本です。

**Octagons have twice as many sides as squares.**
八角形の辺の数は、四角形の辺の2倍です。

**A piano has a range of eight octaves.**
ピアノの音域は、8オクターブです。

## similar
### 一つだけの意味を表す単純（simple）と類似（similar）！?

　現代英語において、simple は「簡単」や「複雑ではない」といった意味を持っていますが、元来の意味は「一つだけ」でした。ラテン語 simplus が、フランス語を介して英語になったと言われています。

　その意味は徐々に「平凡」、「普通の」といった意味から、「純粋」、「混じりけがない」という意味になり、やがて「複雑ではない」という意味へと行き着きました。

　similar（類似）との共通点は、元来の「一つ」という意味にあります。similar の語源は、「一緒」を意味する semol ですが、semol は sim という形で多くの言葉に含まれています。類似しているものは、「一つ」の種類と考えることができるので、「一つのよう」であると言えます。

　また simultaneous は、「同時に」を意味する simul に由来します。「似ている」という意味の resemble や ensemble（アンサンブル）も、多くの場合、類似しているという意味を持ち、「1」を意味する語源を共有しています。

## すぐに覚えられる関連語

| | |
|---|---|
| ☐ **simultaneous** | 同時の、同時に起こる<br>☞simultaneous の sim は similar の sim です。 |
| ☐ **simulcast** [sáiməlkæst] | ラジオとテレビの同時放送 |
| ☐ **resemble** [rizémbl] | 同じように見える |
| ☐ **ensemble** [ɑːnsáːmbl] | 全体の、アンサンブル |
| ☐ **simpleton** [símplt(ə)n] | うすのろ、ぼんくら |
| ☐ **simple-minded** [símplmáindid] | 無邪気な、世間ずれしていない |

## リアルに使える例文

It was a simple question, so I answered it easily.
単純な質問だったので、簡単に答えた。

Canadian and American accents are very similar.
カナダとアメリカのアクセントは、よく似ている。

He needs extra money, so he's working at two jobs simultaneously.
臨時収入が必要で、同時に二つの仕事を掛け持ちしている。

Last night I went to a concert by a brass ensemble.
昨夜、ブラスアンサンブルのコンサートを聴きに行った。

## sign
サインをすると看板（sign）になり、サインを取り除くと辞任（resign）になる!?

sign も resign も、「しるし」、「証拠」、「徴候」、「象徴」を意味するラテン語 signum を語源としています。看板にはマークなどが描かれていますから、sign の由来は分かりますが、resign はどうして辞任すると

いう意味になるのでしょうか。「もう一回サインする」という意味ではないかと思う方もいらっしゃるでしょうが、それには別の単語があり、re-sign と綴ります。

resign は、古フランス語に転じたラテン語を語源とし、sign の意味もしっかりと残っています。ここで紛らわしいのが、resign の re が「再び」ではなく「反対」や「対して」という意味を持っているということ。

もともと resign は会計用語で、負債の支払いや資金の追加があった際、以前の負債が相殺されたことを示すために２つ目のしるしを貸方に付けたことに由来します。辞任する場合には署名を取り除くことから、resign は転じて、現在の意味を持つようになりました。

またもう一つ、significant は「他と区別できるしるし」があることから、「重大」という意味を持つようにもなりました。

### すぐに覚えられる関連語

| | |
|---|---|
| ☐ **resigned** [rizáind] | あきらめている |
| ☐ **resignation** [rèzignéiʃən] | 辞職、辞任 |
| ☐ **significant** [signífikənt] | 重大な、意味のある |
| ☐ **sign language** | 手話 |

| □ **sign up** | 署名する |
|---|---|
| □ **one's sign** | （人の）星座 |
| □ **signal** [sígn(ə)l] | 信号、シグナル |

### リアルに使える例文

It's easy to find the building because there's a big sign on the roof.
屋上に大きな看板があるので、そのビルを見つけるのは簡単です。

The prime minister resigned because of the scandal.
首相はスキャンダルで辞任しました。

A million dollars is a significant amount of money.
100万ドルは大金です。

## grenade
### ザクロ (pomegranate) に似ている手榴弾 (grenade) !?

granite という言葉はご存知でしょうか。このインド・ヨーロッパ語は元来、「小さな粒子」という意味

を持っています。もともと granite は、石を表す形容詞 grainy から派生しました。ザクロは種が多いことから、当初、malum granatum (grainy apple) と呼ばれていましたが、その後、フランス語でリンゴを示す pome が取り入れられ、pomegranate という名前になりました（古フランス語 pom「リンゴ」+ grenate「種のある」）。

一方、手榴弾はザクロに似ていることから grenade と名付けられたと言われています。特に以前、手榴弾からは信管につながるピンが突き出ており、これがザクロのヘタの部分に似ているとされたようです。つまり、手榴弾はザクロから転じた言葉であり、共に granite という語源に由来します。

### すぐに覚えられる関連語

| | |
|---|---|
| ☐ **grain** [gréin] | 穀類 ☞ 木目の意味もありますが、grainy TV screen というと〈テレビの面が〉粒子の粗いとの意味になります。 |
| ☐ **grind** [gráind] | (臼で) ひく、すりつぶす |
| ☐ **grime** [gráim] | よごれ、ほこり |
| ☐ **corn** [kɔ́:rn] | トウモロコシ |
| ☐ **kernel** [kə́:rnl] | (トウモロコシなどの) 穀粒 ☞ KFC (ケンタッキーフライドチキン) の Colonel Sanders (カーネル・サンダース) と同じ発音です。 |

| □ **garnet** [gáːrnit] | ガーネット |

### リアルに使える例文

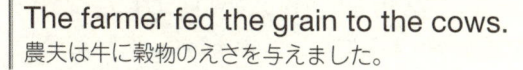

The farmer fed the grain to the cows.
農夫は牛に穀物のえさを与えました。

The soldier threw a grenade, wounding several of the enemy.
兵士は数人の敵を倒し、手榴弾を投げた。

## molest
### 分子 (molecule) と性的ないたずら (molest) !?

ギリシャ語 molos の原義は、「煩わしい」、「厄介な」でしたが、時とともに「重い」や「妨げになる」といった意味を持つようになってきました。ですから、molest は「邪魔する」こと、molecule は「小さな重さ」という意味から生まれた言葉です。

現在、molest は通常、性的いたずらをすることを示しますが、当初は「だれかを苛立たせる」という意味のみを持つ言葉で、Don't molest me. は、Don't bother me. と同じ意味でした。

しかし今、Don't molest me.「痴漢（行為）をやめてください」は Don't rape me.「（レイプ行為を）やめてください」と同じような意味に聞こえます。

### すぐに覚えられる関連語

| | |
|---|---|
| □ **demolish** [dimáliʃ] | 破壊する |
| □ **demolition** [dèməlíʃ(ə)n] | 取り壊し、破壊 |
| □ **demolition derby** | 中古車の激突競技、スタントカーレース |

| | |
|---|---|
| ☐ **(sexual) molester**<br>[məléstər] | 痴漢 ☞ 性的に(女性・子供などに)触る人。他にも grope(まさぐる)、flasher(露出狂)や pervert(変質者)などがあります。 |
| ☐ **(sexual) molestation**<br>[mòulestéiʃən] | 性的暴行 |
| ☐ **molecule ion** | 分子イオン |

リアルに使える例文

A molester might do something terrible to my child.
痴漢は私の子供にいたずらするかもしれない。

This molecule is made up of sodium and chlorine atoms.
この分子はナトリウムと塩素原子で作られています。

## cap
### 章（chapter）とキャベツ（cabbage）の関係!?

　ラテン語由来の語根である cap- は、「頭」を意味します。この言葉から、cap や cape（頭に関連する衣料品）といった言葉が生まれました。
　capital は首都や商業の中心地のことですし、キャベツの語源も頭を意味する古フランス語 caboche で

す。キャベツが頭にそっくりなのも、道理ですね。

### すぐに覚えられる関連語

| | |
|---|---|
| □ **per capita** | 一人当たり |
| □ **chaperon** [ʃǽpəròun] | 付き添い |
| □ **captain** [kǽptən] | キャプテン |
| □ **capital** [kǽpətl] | 首都 ☞capitalには「主要な」、「重要な」の意味もあり、capital punishmentは死刑、極刑の意味になります。 |
| □ **cadet** [kədét] | 士官学校生徒 |
| □ **cabbage** [kǽbidʒ] | キャベツ |
| □ **chapel** [tʃǽp(ə)l] | チャペル |
| □ **a cappella** [ù: kəpélə] | アカペラ☞イタリア語のa capella(聖堂風の、教会風の意味)から来ていて、aは英語の"in" "at"の意味で、capellaはチャペルを意味します。 |

### リアルに使える例文

**The capital of Australia is Canberra.**
オーストラリアの首都はキャンベラです。

**Canadians eat more donuts per capita than any other nationality.**
カナダ人は他の国民に比べて、一人当たりたくさんのドーナッツを食べています。

## wine
### コーヒー (coffee) はワイン (wine) からできている!?

coffee は、アラビア語でワインを示す "qahwah" という言葉から派生したと言われています。

コーヒー豆からコーヒーが作られるようになるよりもずっと以前から、コーヒーチェリーを用いて、ワインを作っていたとのこと。とはいえ、力が湧いてくる効果があることから、そのころは医薬品として飲まれていたそうです。

また 1400 年ごろ、アラビア南部のスーフィー (イスラム教の神秘家) が qahwah を大量に飲み、'Ya qawi!' と叫んでいたという逸話も残っています。 Ya qawi は「最強」を意味し、アラーの名前の一つでもあります。

災いを遠ざけたいと願いながら、この名前を口にすると、敵から身を守ることができると信じられています。

### すぐに覚えられる関連語

| □ **vine** [váin] | ぶどうの木 |
| □ **wine** [wáin] | ワイン |

| □ **coffee** [kɔ́:fi] | コーヒー |
|---|---|
| □ **vineyard** [vínjərd] | ぶどう園 ☞yard は「広場」に近い意味で、他には junkyard 廃品投棄場、schoolyard 校庭、courtyard 中庭、などがあります。 |
| □ **winery** [wáinəri] | ワイン醸造所 ☞ry は〜をする場所の意味で、他には eatery 軽食できるレストラン、cemetery（墓地）などがあります。 |

### リアルに使える例文

I drink coffee every morning to wake up.
私は毎朝目覚めるためにコーヒーを飲みます。

This vineyard is known for its excellent wine.
このぶどう園は素晴しいワインで有名です。

## quack
### やぶ医者（quack）はガーガー（quack）と鳴く!?

quack というのはアヒルの鳴く声を指します。転じて、大勢が同時に大きな声でぺちゃぺちゃとしゃべる様子を示すようになりました。また quack は、技術的に未熟な医者を示すこともあります。

この由来をたどるとオランダ語の kwaksalver と

いう言葉に行き着きますが、これは「薬売り」を意味するそうです。街を練り歩きながら薬を売る声が、アヒルの鳴き声に聞こえたのかもしれません。

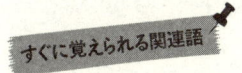

### すぐに覚えられる関連語

| | |
|---|---|
| ☐ **quackery** [kwǽkəri] | やぶ医者 ☞ そのほかに、いかさま師の手口、いんちき療法、はったり、いかさまなどの意味もあります。 |
| ☐ **chirp** [tʃə́:rp] | （鳥などが）チュンチュンと鳴く |
| ☐ **hoot** [hú:t] | （フクロウなどが）ホーホーと鳴く |
| ☐ **caw** [kɔ́:] | （カラスなどが）カーカーと鳴く |
| ☐ **bow-wow** [bàuwáu] | （イヌが）ワンワンと鳴く ☞ そのほかに、クンクンは whine-whine（ホワインホワイン）、キャンキャンは yelp（イェルプ）、そして遠吠えは howl（ハウル）などと表します。 |
| ☐ **meow** [miáu] | （ネコが）ニャーニャーと鳴く |
| ☐ **moo** [mú:] | （ウシが）モーと鳴く |
| ☐ **oink-oink** [ɔ́iŋkɔ́iŋk] | （ブタが）ブーブーと鳴く |
| ☐ **tweet-tweet** [twí:ttwí:t] | チュンチュンと鳴く ☞ Twitter の元になっているこの言葉。「ささやく」「つぶやく」という意味で、最初は Tweet で特許を取ろうとしましたが、（アメリカの）特許庁の承諾が得られなかったようです。 |
| ☐ **ribbit** [ríbit] | ゲコゲコ（カエルの鳴き声） |

リアルに使える例文

I could hear the ducks quacking.
アヒルの鳴き声が聞こえた。

Those women are always quacking like ducks.
あの女性たちは、いつもアヒルのようにおしゃべりしている。

Stop quacking and get to work.
無駄口を叩いてないで、仕事に取りかかりなさい。

That doctor is a quack.
あの先生はやぶ医者だ。

## five
### ポンチ (punch) は5つ (five) の材料から作られる!?

　アメリカの家庭で開かれるパーティーに行く機会があれば、十中八九、テーブルにはポンチが並んでいるはずです。ポンチは色々なジュースから作られた甘い飲み物で、punchという言葉はヒンディー語に由来すると言われています。

　panjという飲み物がパンチの起源とされているのですが、このペルシア語は「5」を意味しており、ヒンディー語で5を示すのが、paanchなのです。

パンチは、当初、アラックというお酒、砂糖、レモン、水、お茶もしくはスパイスという、5つの材料から作られていたことからこの名前が付いたそうですが、今ではさまざまな食材が使われるようになり、何種類の材料を加えてもかまわないそうです。

### すぐに覚えられる関連語

| | |
|---|---|
| ☐ **fist** [físt] | 握りこぶし |
| ☐ **fist-fight** [fístfáit] | 殴り合いのけんか |
| ☐ **finger** [fíŋgər] | 指 |
| ☐ **finger food** | 手で食べられる簡単な料理 ☞ 手でつまんで食べられるフライドチキンやカナッペなどでもちろんお寿司もそのひとつです。 |
| ☐ **five** [fáiv] | 5本の指、こぶし |
| ☐ **punch** [pʌ́ntʃ] | パンチをくらわす、げんこつでなぐる ☞ 「パンチ」や「ポンチ」と呼ばれる飲み物がありますが、しばしばアルコールが入っているためパンチ（刺激）の効いた飲み物としてこの名前が付いたという説もあります。 |
| ☐ **punch line** | 落ち、急所となる文句 |

> リアルに使える例文

Punch him on the jaw.
彼のアゴにパンチをくらわせる。

I took a strong punch in the stomach.
腹に強烈なパンチをくらった。

Punch a hole in the center of a piece of paper.
パンチで紙の真ん中に穴を開ける。

## 👉 hash
### 麻薬 (hash) を吸う暗殺者 (assassin) !?

　十字軍の時代、イスラム教の一派では殺人を宗教上の務めとして、キリスト教徒へのテロを実行に移していたとされています。殺人を行う前には hashish (ハシッシュ) を使い、その麻薬が効いている状態で人を殺めたことから、ハシッシュを吸う人を意味する hashshashin と呼ばれるようになり、これが assassin に転じたとされています。

　hash はマリファナを指すことが多いものの、ご存知の通り、ハッシュブラウンは「茶色いマリファナ」ではなく、ゆでたジャガイモを角切りにするかつぶし

て揚げたものです。

hash にはもう一つ「細かく刻む」という意味もあり、斧を指す hatchet も同じ語源に由来します。We need to hash over this issue. という表現は、「その案件について、詳細に話し合う必要がある」という意味になります。

### すぐに覚えられる関連語

| | |
|---|---|
| □ **assassin** [əsǽs(ə)n] | 暗殺者、刺客 ☞ もともとの assassin は大麻樹脂や大麻中毒者の意味を持つ「ハシシ」からきていて、これがイスラム教シーア派の一部に存在したとされる暗殺集団のイメージと混ざったとされています。 |
| □ **hashish** [hǽʃi(ː)ʃ] | ハシシ、大麻から作る麻薬 |
| □ **hatchet** [hǽtʃit] | 手斧 |
| □ **hash** [hǽʃ] | 細切れ肉料理 |
| □ **hash browns** | ハッシュブラウンズ、ジャガイモをつぶして揚げた料理 |
| □ **hash-head** [hǽʃhèd] | ハシシ中毒者 |

### リアルに使える例文

The king was killed by an assassin.
王は暗殺者に殺された。

**He cut down the tree with a hatchet.**
彼は手斧で木を削りました。

## avocados
### アボカド (avocados) って睾丸 (testicles) のこと!?

アステカ人は昔、アボカド (avocados) をアステカ語で睾丸を意味する ahucatl という名前で呼んでいたと言います。見た目が似ているというだけでなく、この果物には媚薬効果があると信じられていたというのが、その名前の由来とされています。

ヨーロッパにアボカドを広めたスペインの人々にとって、ahucatl という名前は、スペイン語で「主張する」という意味の avocado に似ているように聞こえたため、アボカドという名前が広まったそうです。

また、アボカドには alligator pear という別名がありますが、この語源はもっと分かりやすく、アボカドの皮が深い緑色で分厚く、でこぼこしていてワニ皮に似ていることからこう呼ばれています。

### すぐに覚えられる関連語

| | |
|---|---|
| □ **balls** [bɔ́:lz] | 睾丸(俗) |
| □ **family jewels** | 睾丸(俗) ☞ nuts, gonads などもよく使われるが、医学的には testicles を使う。 |
| □ **testament** [téstəmənt] | 証拠、遺言 ☞ ラテン語の testamentum(テスタメントゥム = 立証) から。 |
| □ **New Testament** | 新約聖書 |
| □ **Old Testament** | 旧約聖書 |
| □ **testimony** [téstəmòuni] | 証拠、証明、証言、宣誓 ☞ この単語の語源になっている testis は、tres(3人) と stare(立っている) の複合語です。ローマ時代の法律では、犯人であることを証明するためには3人の証言者が必要だったことによるという説があります。 |
| □ **testify** [téstəfài] | 証言する |

### リアルに使える例文

The avocados are ripe enough to eat.
そのアボカドは食べごろに熟れた。

He's going to testify at the trial.
彼は裁判で証言するでしょう。

## dice
### 危険 (hazard) なサイコロ (dice) !?

危険を意味する hazard という言葉は、賭け事に使われるサイコロを意味するアラビア語 al zahr から転じたと言われています。

十字軍の時代、サイコロを用いるゲームが広まり、やがて西ヨーロッパで hazard は、こうしたゲームの数々を指すようになったようです。

また、かなり早いうちからこうしたゲームには、賭け事の危うい世界や細工を施したサイコロを使う詐欺師が付きものだったため、hazard には危険という言外の意味が含まれるようになりました。

その他、dice という言葉にも危険という意味があります。

### すぐに覚えられる関連語

| | |
|---|---|
| □ **hazardous materials** | 有害物質 |
| □ **health hazard** | 健康を害するもの |
| □ **hazardous** [hǽzərdəs] | 有害な |
| □ **haphazard** [hæphǽzərd] | 偶然、無計画の ☞ hap(= 運・出来事 ) + hazard(= 一か八かの勝負 ) からできています。 |

| □ **diced onions** | さいの目に切ったタマネギ |
|---|---|
| □ **dicey** [dáisi] | 危険な、一か八かの ☞ ネイティブは It's dicey. よりも a little dicey や a bit dicey を使います。 |

### リアルに使える例文

He made a dicey mistake.
彼は危険なミスをしでかした。

I don't want to get in a dicey situation.
先の読めない状況に陥りたくない。

## malignant
悪い(mal)空気(aria)が原因のマラリア(malaria)!?

マラリアは多くの死を招くものであり、戦争やがんなどと同様に怖いものです。

malaria という言葉は、中世イタリア語の mal(悪い)と aria(空気)に由来し、ローマ周辺の沼地から流れてくる空気を表しているそうです。

当時、沼の近くで暮らす人々に多かった発熱の原因は、こうした「悪い空気」にあると、人々は信じていたのです。現在マラリアと呼ばれるようになったこの病気の原因は、実際のところ、こうした沼で育った蚊でした。

また、これに関連して malice という言葉もあります。malice とは、「悪意」や「敵意」、「恨み」を意味します。

### すぐに覚えられる関連語

| □ **malady** [mǽlədi] | (慢性の)病気、病弊、悪弊、悪癖 |
|---|---|
| □ **malicious** [məlíʃəs] | 悪意[敵意]のある、意地の悪い |

| □ **malignant** [məlígnənt] | （病気などが）悪性の、きわめて有害な、悪意に満ちた |
|---|---|
| □ **maladjusted** [mǽlədʒʌ́stid] | （環境に）不適応な |
| □ **airbag** [éərbæg] | エアバッグ ☞ 人に対して使うと (She's an airbag.)「彼女の話には意味がない」。つまり空気の話しかしない、おしゃべりであるというニュアンスからです。 |
| □ **air conditioner** [éərkəndi(ə)nər] | 冷房装置 ☞ エアコンは heater and air conditioner と言いましょう。 |

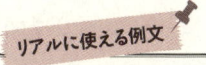

### リアルに使える例文

The doctor cured his malady.
医者は彼の病気を治しました。

I was the victim of a malicious prank.
ひどい冗談にひっかかったよ。

## pedigree
### 足に関係する血統書（pedigree）と歩行者（pedestrian）!?

　犬を育てている方ならば、血統書や系図の記録を残しているのではないでしょうか。

血統書を示す pedigree という言葉は、足に関係しています。pedigree はフランス語で鶴の足を指す ped de gru に由来し、系図において子孫のつながりを表す線が鶴の足に似ていることから、こう呼ばれるようになったそうです。

また pedigree は、フランス語 par degrés に由来するという説もあります。par degrés は「親等によって」という意味で、系図が家族の関係を親等で表していることを示すと言われています。

さらに、pedestrian は歩行者を指し、英国で横断歩道は pedestrian crossing と呼ばれています。

### すぐに覚えられる関連語

| | |
|---|---|
| ☐ **pedal** [pédl] | ペダル、踏み板 |
| ☐ **peddler** [pédlər] | 切り売りする人、(うわさなどを) 広める人、つまらないことにこだわる [時間を費やす] 人 |
| ☐ **pedestal** [pédəstl] | 台(座)、柱脚、(建築物の) 基台 |
| ☐ **pedestrian** [pədéstriən] | (歩行者以外の意味) つまらない、平凡な、どこにでもいるような |
| ☐ **podiatrist** [pədáiətrist] | 足専門の医者 |

| □ **pedophile** [píːdəfàil] | 幼児を性的欲求の対象とする性的倒錯者。小児性愛者 |
|---|---|
| □ **pedicure** [pédikjùər] | 足の爪にペディキュアを塗る ☞日本では主に足の爪にエナメル液を塗ることやエナメル液を指してペディキュアと言いますが、足の「まめ」や「たこ」などの治療も pedicure を使います。 |

### リアルに使える例文

The sculpture is set on a pedestal.
彫刻は台座の上に置かれた。

When you drive, you have to watch out for pedestrians.
運転するときは、歩行者に気を付けなければなりません。

## acute 1
### 酸（acid）と鍼治療（acupuncture）は鋭い痛みのこと!?

ギリシャ語の ac は、尖ったものを意味します。

酸は、肌を刺すような感覚を与えることから、acid と呼ばれるようになりました。また、鍼治療は acupuncture と言い、その由来は当然、鋭い針を使うことにあります。

She's a sharp girl. という表現を耳にしたことが

あるかも知れませんが、知性を表す言葉に acumen があります。He has business acumen. は商才があること、She's known for her artistic acumen. は芸術品の目利きであることを表します。

また、このほかにも関係があるのが、acropolis アクロポリスと acrophobia 高所恐怖症です。acropolis は高所にある都市を指しますが、acrophobia はもともと、高いところに張ったロープをつま先立ちで渡るアクロバットを意味していたところから転じて、高所恐怖症を指すようになったと言われています。

アクロポリスは、アテネの都市を示しますが、もともとは同じ位の高さにあるさまざまな都市を意味していたそうです。また、オハイオの都市アクロンの名も、「高所」という意味に由来します

### すぐに覚えられる関連語

| □ **acute angle** | 鋭角 |
|---|---|
| □ **acute vision** | 鋭い洞察力 |
| □ **acne** [ǽkni] | にきび |

| | |
|---|---|
| ☐ **ache** [éik] | 痛み ☞ 同じ「痛み」の意味を持つ pain と比べると、ニュアンスは微妙に違います。ache は骨の中の痛みや筋肉痛などの体内の鈍い痛みを表現することが多く、また、heartache, headache など心の痛みも表現できます。 |
| ☐ **acupressure** [ǽkjuprèʃər] | 指圧（療法） |
| ☐ **acute pain** | 激しい、激烈［強烈］な痛み |

リアルに使える例文

He has acute hearing.
彼は鋭い聴覚を持っています。

I have a terrible backache today.
今日私はひどい腰痛です。

acid   acupuncture

# Column コラム 1

## ボキャブラリーを2倍に増やす方法

接頭辞 prefix や接尾辞 suffix がなければ、私たちが覚えなければならない単語の数はどれだけ増えていたでしょうか。

接頭辞をつければ、こんな具合です。

| | | |
|---|---|---|
| happy（幸せな） | ⇨ | unhappy（不幸せな） |
| visible（目に見える） | ⇨ | invisible（目に見えない） |
| possible「可能な」 | ⇨ | impossible「不可能な」 |
| moral「道徳的な」 | ⇨ | immoral「不道徳な」 |
| symmetry「左右対称」 | ⇨ | asymmetry「左右非対称」 |

接頭辞をつけることで反対の意味ができました。

このように接頭辞や接尾辞を活用すれば、あなたのボキャブラリーは2倍にもなって英語力の強化に繋がるのです。

chapter

## 2

## 語源が分かれば覚えやすい単語

　英単語がなかなか頭に入らないという経験をお持ちの方も多いかもしれません。日本語、特に漢字であれば部首などから意味を推測することも可能ですが、実は英語にも部首のようなものがあるってご存知でしたか？全ての単語ではないのですが、パターンやパーツのようなものは存在します。それらの意味を覚えておけば、知らない単語が出てきたときに役に立つかもしれません。

　ちなみに、パーツには3種類あります。単語の先頭に付く接頭辞（Prefix）、単語の最後に付く接尾辞（Suffix）、どこにでも付く語根（Root）があります。この3つは特に区別して覚える必要はありませんが、3種類あるということは知っておいて損はないでしょう。

　また英語の語源は主に動作を中心としております。このことを知っておくと英単語のイメージがしやすくなるかもしれませんね。

## renovate
「リニューアルします」と言ってもちんぷんかんぷん？

　「リニューアル・オープン！」というポスターは新装開店お知らせの定番表現ですが、実はリニューアル、リフォームは和製英語なので、外国では通じません。それを言うなら renovate。修繕する（刷新する）の renovate はラテン語の nova（= new）から来ています。re は again「再び」を意味するので、renovate は「再び新しくする」ということになります。

　renovate は普通、大規模な改修（主に外側）の場合に使われ、remodel は内部の改修に使われることをきちんと覚えて、使い分けましょう。

### すぐに覚えられる関連語

| | |
|---|---|
| ☐ **innovate** [ínəvèit] | 刷新する、革新する☞ラテン語の "innovare"（新たにする）= "in"（内部へ）+ "inovare"（変化させる）となり、新しさを中に導入するという意味です。 |
| ☐ **innovation** [ìnəvéiʃən] | 刷新、革新 |
| ☐ **nova** [nóuvə] | 新星 |
| ☐ **novel** [návəl] | 小説（新しい物語） |

| ☐ **novelist** [nάvəlist] | 小説家 |
|---|---|
| ☐ **novelty** [nάvəlti] | 新しいもの、めずらしい事、新奇性 |
| ☐ **novice** [nάvis] | 新人信者、見習い僧(尼)、初心者<br>☞ ラテン語の"novus"(=new)からきています。ちなみにドラえもんの「のび太」の名の由来は novice から来ているという説もありました。 |

リアルに使える例文

The hotel was starting to look old, so the owner decided to renovate it.
ホテルが古くなってきたので、オーナーがリフォームすることを決めました。

My driver's license is going to expire soon, so I need to renew it.
私の免許証の有効期限がもうすぐ切れるので、更新する必要があります。

## break
broke の意味は「金欠」や「無一文」。
でもやっぱり「壊した」から broke なのです

「金欠」、「無一文」は英語では broke。この語源は17世紀のヨーロッパの銀行にさかのぼります。

当時債務者に対して、債務者の名前、クレジットの限度額、銀行名を入れた陶器の貸札が発行されていました。債務者は貸付を受けるときはその札を持参しなければなりませんでしたが、借入額が貸付限度額を超えてしまうと、係員がその場で貸札を壊してしまったのです（break の過去形・古い過去分詞形＝ broke）。

　債務者は以降お金を借りられなくなるという、何とも優雅で明快な仕組みでした。貸札が壊れれば、ジ・エンド。債務者は哀れ金欠となるしか道はありませんでした。まさに「金欠」→「無一文」→「broke」となるのです。

　I'm broke.「金欠なんだ」無理に飲み会に誘われて、こんな風に断るのもいいかもしれませんね。ちなみに fast という単語は断食という意味で、breakfast は断食を壊すつまり（朝食）という意味になります。

### すぐに覚えられる関連語

| | |
|---|---|
| ☐ **flat broke** | 全くの一文なし |
| ☐ **go for broke** | 無一文になるまでやる |
| ☐ **breaking news** | ニュース速報 |
| ☐ **break wind** | おならをする |

| | |
|---|---|
| ☐ **break the ice** | きっかけをつくる、話などの口火を切る ☞ ウィスキーをロックで飲むときに最初にすることは、ロックのための氷を砕くことです。このことからbreak the iceが「きっかけを作る」という意味になったのです。 |
| ☐ **give me a break** | もうやめてくれ！　勘弁してくれ！ |

**リアルに使える例文**

I'm broke, so I can't pay my rent.
今金欠なので、賃料が払えません。

I broke my leg in a skiing accident.
スキー事故で足を骨折しました。

## acute 2
東洋医学の鍼（はり）acupunctureも今やインターナショナルです

acupunctureはご存知の通り、体のツボに打つ鍼（はり）[療法]のことです。何だか小難しい単語に見えますが、その実、意外と簡単な言葉の組み合わせになっているのです。

acusはneedle「針」、punctureは「とがったもので刺す（こと）」。punctureは「タイヤのパンク」という意味もあります。acusが針なら、acuがsharp「鋭い」であることも、ついでに覚えておきましょう。

acuteは「鋭い」のほかに「急性の」の意味もあります。またacuityは、実際の鋭さ以外に「知性」や「知力」を表します。

相手の鋭い洞察に対して「オッ、鋭い！」と思わずうなったことはありませんか。イングリッシュ・スピーカーが人のことをsharpと言えば、まさにこの鋭さを言うのです。

acumenもこの「鋭い」と同じ意味を持っています。

### すぐに覚えられる関連語

| | |
|---|---|
| □ **puncture** [pʌ́ŋktʃər] | とがった物でさすこと、穴 ☞ 日本語の「パンク」の語源は puncture です。「パンクした」という意味では I have a flat tire. と言います。 |
| □ **punctuation** [pʌ̀ŋktʃuéiʃən] | 句読点、中断 |
| □ **pierce** [píərs] | 突き通す |
| □ **prick** [prík] | ちくりと刺す |
| □ **penis** [píːnis] | ペニス |
| □ **acute** [əkjúːt] | 鋭い、先のとがった |
| □ **acrid** [ǽkrid] | (味・匂いなどが) 刺すような、刺激性の |

### リアルに使える例文

**An acute angle is one that is less than 90 degrees.**
鋭角とは 90 度以下の角度のことです。

**I felt an acute pain in my back.**
背中に鋭い痛みがありました。

## autograph
Sign here, please. と叫んでも、サインはもらえません

　日本でも、有名な外国人俳優がレッドカーペットを歩くシーンが見られるようになりました。ファンたちのお目当ては、ひいきの俳優のサインです。でも、みんなが知っているサインは和製英語。autograph が正しい英語なのです。ギリシャ語の autographos「自分の手で署名する」を語源とする言葉です。auto は「自動」、graph は「書く」。動詞「自分の名前をサインする」としては 1837 年まで遡ります。

　auto が付く言葉は私たちの身の周りに多く使われています。automobile「車」、automatic「自動」は auto と matos から来た言葉で、「考える」、「生き生きとした」を意味しています。autobiography は autograph に bio(= life「生命」)を加えた言葉で、「自（叙）伝」を意味しています。

　似たような単語 geography と telegraph には「書く」という意味が含まれています。geo は earth「地球」のことで、description of the earth で地球の描写・解説となり、すなわち geography は「地理学」のことになります。tele は「遠く離れた」すなわち telegraph は「電報」となるのです。

## すぐに覚えられる関連語

| | |
|---|---|
| □ **sign** [sáin] | 象徴、サイン |
| □ **signature** [sígnətʃər] | 署名、サイン |
| □ **assign** [əsáin] | ～を割り当てる、指定する |
| □ **autograph** [ɔ́:təgræf] | 自署、(書類などの)署名、(有名人からもらう)サイン |
| □ **biography** [baiágrəfi] | 経歴、略歴 ☞ bio は「生命、生物」という意味の接頭辞で、graphy は「書いたもの、表現」といった意味になります。 |
| □ **telegraph** [téligræf] | 電信、電報 |
| □ **geography** [dʒiágrəfi] | 地理学 |

## リアルに使える例文

Automatic doors in stores are convenient for shoppers carrying bags.
店の自動ドアは袋を抱えた買い物客には便利です。

I got the autograph of a famous movie star.
有名な映画スターのサインを手に入れました。

Don't forget to sign the back of your credit card.
クレジットカードの裏面に署名するのを忘れないで。

## conserve
### この言葉、コンサバ系と関係があるの?

　ラテン語の servare は「守る」を意味します。serve の入った単語は多く、「保護」、「守ること」と関係があります。preserve は serve と「前」を表す pre が組み合わされた言葉で、「最初からものを守る」すなわち「保存する」という意味になります。

　conserve では、serve と強意語 con が組み合わされ、「保護する」、「保全する」という意味になります。若い女性なら誰でも知っているコンサバ系は conserve の形容詞 conservative「保守的な」、「控えめな」から来た言葉で、その時々の流行に左右されることのないベーシックなファッションを言います。何かを reserve「予約する」、「取っておく」は、これもある種「守ること」です。

　しかし、servant「使用人」、service「サービス」の serve は同じラテン語で全く別の意味を持つ servire から来た語です。まさに「奉仕する」ことを意味しています。

### すぐに覚えられる関連語

| | |
|---|---|
| □ **preserve** [prizə́:rv] | 保存するもの、〜を保つ |
| □ **conserve** [kənsə́:rv] | 保護する、大事に使う |
| □ **conservative** [kənsə́:rvətiv] | 保守的な人、慎重な人 |
| □ **service** [sə́:rvis] | サービス |
| □ **preserves** [prizə́:rvz] | くだものの砂糖漬け、イチゴなどのジャム |
| □ **forest conservation** | 森林保護 |

### リアルに使える例文

We preserved the strawberries by making them into jam.
私たちはジャムにしてイチゴを保存しました。

The general kept some soldiers in reserve.
軍司令官は何人かの兵士を予備に残しておきました。

## audio

オーディエンス、オーディオ、オーディション…。共通する言葉とは？

audience と言えば「観客」は現代では当たり前に

なっていますが、ずっと昔にはこの言葉は講義・講演が行われる部屋、すなわち auditorium「講堂」に集う人々に対してのみ使われる言葉でした。

　audience も auditorium も同じ基語 audi を持っています。audi はご存知の通り「聴く」を表し、カタカナの「オーディオ」は日常語になっています。「音を立てている」、「聞き取れる」、「可聴の」の audible は audi と ible からできた言葉で「聴くことが可能である」ことを表しています。

　audition「オーディション」実際に縁があるかどうかは別としても、知らない人はいないほど日本語に入り込んだ言葉です。これはフランス語の audicion「聞くこと」から来た言葉です。オーディション風景を想像すれば、セリフや歌を披露する参加者にじっと耳を澄ます審査員が目に浮かぶようです。

　audio はもともと audio frequency「可聴周波数」、audio-visual「視聴覚」のようにほかの言葉に付いて使われていましたが、今では「音声」、「録音」のようにそれ自体が一つの言葉として使われるようになっています。

### すぐに覚えられる関連語

| | |
|---|---|
| □ **audience** [ɔ́:diəns] | 聴衆、観客 |
| □ **auditorium** [ɔ̀:dətɔ́:riəm] | 観客席 |
| □ **audible** [ɔ́:dəbl] | 聞こえる、音を立てている |
| □ **audition** [ɔ:díʃən] | オーディション、審査 |
| □ **audio frequency** | 可聴周波数 |
| □ **audio-visual** [ɔ̀:diouvíʒuəl] | 視聴覚 |
| □ **audit** [ɔ́:dit] | 会計検査 ☞ ラテン語の"auditus"=hearing「聴くこと」、「聴取すること」から展開された言葉です。 |

### リアルに使える例文

The audience clapped after the lecture.
講演が終わると、聴衆は拍手しました。

There were more than 400 actors at the movie audition.
映画のオーディションには 400 人もの俳優が参加しました。

## international

inter と nation、international を使わなければ世界は語れません

　international mail「国際郵便」、international law「国際法」、international student「留学生」など international を使った言葉を、今や私たちの生活から排除することはできません。

　international は inter と nation (country の正式な言葉) を組み合わせた言葉で、「国家間」を意味します。「彼は、とってもインターナショナルな人」と言えば、その人が、国際的な視野や背景を持っていることが容易に想像できます。

　inter を使った単語は色々ありますが、日本でインターと言えば、interchange「換える」が思い浮かびます。これは inter と change からできた言葉で、高速道路から一般道路へと行路を換える場所を指します。

　私たちが日常で使う intermission と言えば、inter と mission (「開放する」を意味するラテン語 mittere)。すなわち「休憩時間」、「中断」などを意味しますが、演劇やコンサートの幕間をさす言葉でもあるのです。

### すぐに覚えられる関連語

| | |
|---|---|
| ☐ **interaction** [ìntərǽkʃ(ə)n] | 相互作用 |
| ☐ **interception** [ìntərsépʃən] | 途中で抑える、横取り |
| ☐ **interior** [intí(ə)riər] | インテリア、内部の |
| ☐ **intern** [íntə:rn] | インターン |
| ☐ **Internet** [íntərnèt] | インターネット |
| ☐ **intercom** [íntərkàm] | インターホン ☞intercomはinter-communication system(内部通話装置)に由来します。 |

### リアルに使える例文

People from all over the world attended the international meeting.
世界中の人々が国際会議に出席しました。

I stretched my legs in the lobby during the play's intermission.
舞台の幕間にロビーで足を伸ばしました。

## press

depressed, impressed, express…などなど、みんな「押されている」はずですが?

I'm depressed.「落ち込んでいます」と言うときに、心も軽く、身も軽くというわけにはいきません。

「Yシャツをプレスする」と言えば、クリーニング店の重いアイロンが目に浮かびますが、「プレス」が入っていることで、何か重いものがずっしりとあなたの体や心にのしかかっている様子が容易に想像できます。

down を意味する de と「押す」を意味する press からできた言葉 depress が「押し下げる」、「低下させる」であれば、落ち込みを表していることは簡単に分かります。

press を使った言葉で思い浮かぶのが impress「印象を与える」です。im は in を表し、あなたの脳内に印象を植え付けるという意味であることが分かります。

また express は ex (=out) と press から成る言葉で「あるものを外へ押し出す」、すなわち、「表現する」になります。これは何だか簡単に覚えられそうですね。

press を使った単語には他にも repress があり、back を表す re と press すなわち、「思い出したいと

思う気持ちを抑え込む」ことになります。

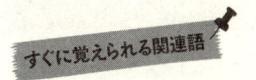

### すぐに覚えられる関連語

| | |
|---|---|
| □ **depressed** [diprést] | 精神的に落ち込んだ |
| □ **express** [iksprés] | 急行、急行列車、表現する ☞「中にあるモノを外に押し出す」(ex= 外に、press= 押す)、そして心の中にあるものを表に出すという意味から来ています。 |
| □ **suppress** [səprés] | 抑える、やめさせる |
| □ **pressure cooker** | 圧力鍋 |
| □ **press conference** | 記者会見 |
| □ **printing press** | 印刷機 |

### リアルに使える例文

Rainy days sometimes make me feel depressed.
雨降りの日は、時として私を憂鬱にさせます。

I like to express myself through painting.
私は描くことを通して自分自身を表現するのが好きです。

## man
### 人（man）が造るから manufacture と考えるのは素人？

　manufacture の man は人を意味する man ではありません。これは「手」を意味するラテン語 manus から来ています。facture は factory と関連があり、「労働する」を意味する factura が語源となっています。

　すべての語を合わせると、「手仕事をする」というイメージが見えてきます。ここから、機械が導入される以前の社会では、どのように物が製造されていたかが分かります。

　「手動」を意味する manual も manus から来た言葉です。マニュアル車を想像すれば分かるように、オートマ車に比べ、手作業が多いことを意味しています。

　manus と script「書く」を合わせれば manuscript「原稿」。昔の原稿が打つ作業ではなく、手書きであったことがよく分かります。

　「操る」manipulate は、handful「ひと握り」を意味する manipul から来ています。

　「維持する」、「手入れする」の maintain はフランス語の「手」main と「保持する」を意味する tenere から来た tain から成る言葉です。

## すぐに覚えられる関連語

| | |
|---|---|
| ☐ **factory** [fǽkt(ə)ri] | 工場、製造所 |
| ☐ **manual** [mǽnjuəl] | マニュアル、手引書 ☞ 現代英語の手＝ハンドは、古英語でマンド、その元はギリシャ語のマネです。古代ローマ時代、司祭が宗教行事の手順を間違えないように手に持つメモをマヌアーレ。これが現代英語でのハンドブック→手に持つ本→そしてマニュアルになりました。 |
| ☐ **manuscript** [mǽnjuskrìpt] | 原稿、手書きのもの |
| ☐ **manipulate** [mənípjulèit] | 操作する ☞ 本来は手で仕事をするという語源から「機械や道具を巧みに扱う」という意味ですが、後に「(株価や帳簿の数字を)ごまかす、改ざんする」という意味でも使われるようになりました。 |
| ☐ **maintain** [meintéin] | やり通す、持続する |
| ☐ **maintenance** [méint(ə)nəns] | 維持、メンテナンス |

> リアルに使える例文

Our company has been manufacturing electrical goods for 20 years.
弊社は 20 年にわたり電気製品を製造しています。

I prefer to drive cars with manual transmissions.
私はマニュアル車を運転する方が好きです。

## contain

contain に er をつけるとコンテナ。何でもかんでも一緒に入れるから？

　フランス語を勉強したことがある人なら、tenir が to hold「じっと持っている」、「留める」であることは知っているでしょう。もともとはラテン語の言葉でしたが、contain「含む」、abstain「控える」、attain「獲得する」、detain「引き留める」、maintain「維持する」、obtain「獲得する」、retain「保留する」、pertain「付属する・関連がある」、sustain「持続させる」、retain「保持する」のような英語の中に多く見受けられます。

　abstain は ab (from, away from) と tain からなる言葉であることが分かれば、意味が「控える」、「慎む」、「自制する」であることはおよそ察しがつきます。

absent や abnormal の ab も同じです。normal から away from「(〜から) 離れて」いる状態が abnormal というわけです。

すでに身近な日本語になっている container「入れ物・容器」の contain は together「一緒」を意味する con と tain から成り、「一緒に留める」、「入れる・含む」になります。因みに concur は「同時に起こる・併発する」の意味です。

entertain「エンターテイン」は enter (= 中に) と tain から成り、「人を家の中に保持する」ということから「もてなす」という意味になります。

### すぐに覚えられる関連語

| □ **abstain** [æbstéin] | 控える、自制する |
|---|---|
| □ **attain** [ətéin] | 達する、到達する |
| □ **detain** [ditéin] | 行動の自由を奪う、拘束する ☞de-(…から分離して)という接頭辞が付いています。離して保つということで、「本来戻るべき所から離して保つ」というイメージです。 |
| □ **maintain** [meintéin] | やり通す、持続する |
| □ **obtain** [əbtéin] | 手に入れる、得る |
| □ **retain** [ritéin] | 保つ、保持する |

| □ **pertain** [pərtéin] | 付属する、関係する |
|---|---|
| □ **sustain** [səstéin] | 持ちこたえる、持続する |
| □ **contain** [kəntéin] | 含む ☞ con-(共に)という接頭辞が付いているので「一緒に保つ」「いくつかのものを一緒にしまっておく」というイメージです。 |

リアルに使える例文

**Does this yogurt contain any fat?**
このヨーグルトには脂肪分が含まれていますか。

**I need to obtain permission from my boss before I take a vacation.**
休暇を取る前に、上司の許可を得る必要があります。

## deadline
### deadline とは、生死を区切る1本の線、「死線」のことですか?

働く人であろうと学生であろうと社会に関わっている人であれば、必ず遭遇する「締め切り」。いつも心の片隅から消えず、決して無視することもできず、時としてとても恐ろしい締め切りはまさしく deadline です。

dead には「死んだ」以外にも「有効ではない」、「故障した・切れた」という意味があります。まさに、遅

すぎれば有効ではなくなる、切れる、死んでしまう一線が deadline「締め切り」なのです。

### すぐに覚えられる関連語

| | |
|---|---|
| ☐ **death** [déθ] | 死、死ぬこと |
| ☐ **deathtrap** [déθtræp] | 人命に危険な場所 ☞「非常に危険なわな」や「死の落とし穴」というニュアンスから、交通事故のよく起こる場所や火災の場合、逃げ場のない建物を指したりします。 |
| ☐ **deadly** [dédli] | 致命的な、恐ろしく |
| ☐ **deadlock** [dédlàk] | 行き詰まり ☞「開かなくなった(dead)カギ(lock)」であり、解決不能な課題という意味。 |
| ☐ **liner** [láinər] | 裏地、定期船 |

June 10　　June 20　　　　　　July 10

　　　　　　　June 30

　　　　　deadline!

**リアルに使える例文**

If you don't meet the deadline, you'll be fired.
締め切りに間に合わなければ、解雇されてしまいますよ。

My batteries were dead, so I couldn't use my cell phone.
電池（バッテリー）が切れてしまったので、携帯電話が使えませんでした。

## state
### stat が「状況」であれば、色々な単語が見えてきます

stat が「状況」を意味することが分かれば、いろいろな単語を楽に覚えることができます。

state「状況・国家」、status「地位・情勢」、estate「地所・不動産」、instate「就任させる」、thermostat「サーモスタット・自動温度調節器／温度を一定に保つ」などにはすべて stat が入っています。因みに thermo は「熱（の）」で、thermograph「温度記録・サーモグラフ」、thermo battery「熱電池」も耳にしたことのある単語です。

また、State of the Union Address は「（アメリカ大統領の）一般教書演説」のこと。アメリカでは年頭（1

月)に大統領が議会に対して、内政や外交政策について見解を述べます。これが「一般教書演説」です。日本の通常国会の冒頭で行われる演説は、「施政方針演説」となります。

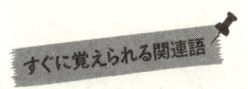

### すぐに覚えられる関連語

| | |
|---|---|
| □ **state** [stéit] | 状態、国家 |
| □ **status** [stéitəs] | (社会的)地位、身分、情勢 |
| □ **estate** [istéit] | 地所、地位 ☞ ラテン語 stare(= 立つ)に e- はフランス語で付きました。不動産屋の名前には「エステート」が多くなっています。 |
| □ **instate** [instéit] | ~につかせる、任命する |
| □ **thermometer** [θərmámətər] | 温度計 |
| □ **thermostat** [θə́:rməstæt] | 温度自動調節器、サーモスタット |

### リアルに使える例文

I don't have much status at the company, so no one listens to me.
私は会社でそれほどの地位がないので、誰も私に耳を傾けようとしません。

He was recently instated as the team's captain.
彼は最近、チームのキャプテンに任命された。

## sentimental
### ment を知れば、あんな単語、こんな単語の語源が見えます

基語 sent はラテン語の「感じる」を意味する sentire です。ment は英語やフランス語で多くの単語を構成するものです。何かの過程や動作の結果として起きたことや生じたことを表現するときに使われます。

例えば、government「政府・政治」は govern「統治する」という動作や仮定の結果だということです。sentiment はあなたが何かを感じるときに心に起きるもの、こと。

因みに development「開発・発展」は develop の過程、結果です。resentment「憤り」は resent の過程、結果で、argument「議論」は argue の過程、結果を表します。

### すぐに覚えられる関連語

| | |
|---|---|
| ☐ **resent** [rizént] | 憤る ☞ re(=again)=再び、sent(=感じる)として、「再び感じる、怒りがこみ上げてくる」というニュアンスです。 |
| ☐ **dissent** [disént] | 反対する、意見を異にする |
| ☐ **consent** [kənsént] | 同意する、承諾する |
| ☐ **achievement** [ətʃíːvmənt] | 業績、達成したもの |
| ☐ **arrangement** [əréindʒmənt] | 配列、整理 |
| ☐ **harassment** [hərǽsmənt] | 苦しめること、迷惑 |

### リアルに使える例文

I often feel sentimental when I look at my old photos.
古い写真を見ていると、感傷的な気分になることがよくあります。

I really resent it when he makes jokes about me.
彼が私について冗談を言うと、本当に怒りがこみ上げます。

## contradict
矛と盾…!

「言葉」を意味する dictio は dictionary「辞書」、predict「予測する」、indict「起訴する」などのように多くの英語の言葉に姿を見せます。これはラテン語から来た言葉ですが、もし contra が「反対」を意味すると知っていれば、contradict が「否定する・反論する」であることは案外簡単に分かります。

また、もともと「矛盾」という意味も持っています。昔中国で、矛（ほこ）と盾（たて）を売る者が「この矛はどんな盾でも貫き通すことができる最強の矛である」、「この盾はどんな矛をも防ぐことができる最強の盾である」と言って商売をしていましたが、果たしてこの口上の矛盾点は？

そう、彼の売る矛が彼の売る盾を貫こうとしたら結果や、いかに？

このように2つの言葉や事態が相反することを contradiction「矛盾」というわけです。

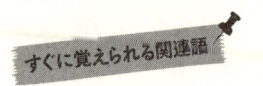

### すぐに覚えられる関連語

| □ **contraband** [kάntrəbænd] | 輸出禁止品 |
|---|---|

| □ contrast [kəntrǽst] | 対照する |
|---|---|
| □ contrary [kántrèri] | 正反対の |
| □ predict [pridíkt] | 予測する |
| □ prediction [pridíkʃən] | 予測、予言 |
| □ dictate [díkteit] | 書き取らせる ☞ ラテン語 dictatus「話をする」から口述したものを書き取らせること。 |
| □ indict [indáit] | 起訴する |

### リアルに使える例文

The report contradicts what he said.
この報告は彼が言ったことに矛盾しています。

Did you hear that a famous psychic predicted an earthquake?
有名な霊媒師が地震を予知したって聞いた?

## centipede
### 百足、100本の足はムカデと呼びます

ムカデを意味する centipede は2つの基語からなりますが、これぞ読んで字の如く…。

百足をムカデと読む日本語の発想と何ら変わりはあ

りません。最初の基語 cent は「100」を意味します。こう言われてすぐに思い浮かぶのは century「世紀」もちろん1世紀は100年です。 centimeter「センチメートル（100分の1メートル）」、centennial「100年祭・100年記念」、cent「セント（100分の1ドル）」も100と大いに関わりのある言葉です。

2番目の基語 ped は「足」を意味するラテン語の pedis から来ています。

### すぐに覚えられる関連語

| | |
|---|---|
| □ **pedal** [pédl] | ペダル、踏む |
| □ **pedestrian** [pədéstriən] | 歩行者 |
| □ **impede** [impíːd] | 邪魔をする、阻む（足を中に入れる）☞ラテン語 impedire(もつれさせる)が元で、「足にわなをかける」という意味から来ています。 |
| □ **expedition** [èkspədíʃən] | 遠征（隊） |
| □ **expedite** [ékspədàit] | 促進する |
| □ **centennial** [senténiəl] | 100年祭、100年記念 |

### リアルに使える例文

The expedition is trying to reach the North

Pole.
探検隊は北極に到達しようとしています。

There was a big celebration for the city's centennial.
市の100年祭の盛大な祝典がありました。

cent

CENT
100

centennial

century

centimeter

centipede

# Column 2

コラム 2

## 接尾辞を付けてみると…!（その1）

名詞に接尾辞を付けることによって形容詞ができます。

luck（幸運）に y を加えてみると
　　luck + y = lucky（幸運な）
同じように
　　sleep（睡眠）+ y = sleepy（眠い）
　　brown（茶色）+ y = browny（茶色がかった）
となります。
　これらは名詞から形容詞の意味が推察できますね。
　では、こんなのはどうでしょうか。

　　fish（魚）+ y = fishy

　推察通り fishy は（魚臭い、魚のような）になりますが、実は魚の意味からはちょっと意外な形容詞ができるのです。
　fish って、「魚」のことだから、それに "-y" をつけた fishy は「魚みたいな」ってこと？

**The game was fishy.**

　試合が魚臭くなかった、ことだけは確かですが、実は fishy には、「うさんくさい」、「疑わしい」、「まゆつばの」の意味があるので、

**「試合は八百長くさかった」**

が正解なのです。

## chapter 3

## 音のイメージで覚える英単語

　現在英語学習において音読がひとつのブームになっているのはご存知ですか?実際音読は英語上達においても効果はあるようです。口に出して英語を読むことで、五感を使う、つまり口に出すことで記憶力があがり、その情景がイメージされるということによって定着度もあがるのです。

　単語を覚えたいときも、または覚えにくい単語のときにもこのイメージするという方法は役立ちます。またこれは時に接頭辞を知るということにリンクしていることもあります。例えば un-, dis-, in- で not の意味を表し反意語を表現でき、in-「中へー」や re-「繰り返し」などで単語の意味を想像することができます。

　あなたが洋書の本を読んでいて知らない単語に出くわしたとき、是非口に出してみて、そしてイメージしてみてください。読み進めていくのに大変効果的です。

## none
### ヌ (n-) で始まる単語は"ゼロ"を表す

無 (none)、否定 (not)、拒否 (no) など、"n" で始まる単語には、ゼロを表すものが多くあります。また、「拒絶」、「不同意」、「反対」なども表現できて、漢字では「無」、「否」、「不」、「禁」、「非」、「未」、「反」がそれに当てはまります。

品詞の場合は、形容詞、副詞、時には間投詞だったりもしますが、どの機能でも性質は同じです。

| □ nay | ネイ [néi] | （投票などの）反対票 |
|---|---|---|
| The nays won the vote. 反対多数で否決となった。 | | |
| □ never | ネヴァ [névər] | 絶対～しない |
| I never want to see you again. 君とは絶交だ。 | | |
| □ nihilism | ナイアリズム [náiəlìzm] | ニヒリズム |
| Nihilism was common in the 1960s. 60年代にはニヒリズムが広く浸透していた。 | | |
| □ nil | ニル [níl] | ゼロ |
| I got nil for all my work. 努力が水の泡となった。 | | |

| □ **nip** | ニップ [níp] | 酒ひと口 |

There's only a nip of whiskey left in his flask.
ボトルに残っているのはウィスキーほんのひと口分だけ。

| □ **nirvana** | ナヴァーナ [niərvάːnə] | 涅槃 |

She lives in a state of nirvana with no worries.
心配事などなく極楽を味わっている。

| □ **nitwit** | ニットウィット [nítwìt] | 愚か者 |

He's a nitwit. It's really easy to fool him.
あいつバカだから、かつぐのはちょろいぜ。

| □ **nix** | ニックス [níks] | 拒否する |

My proposal got nixed right away.
提案は直ちに却下された。

| □ **non** | ノン [nán] | 非、不、無を表す |

We'd like a table in the non-smoking section.
禁煙席がいいのですが。

| □ **nope** | ノウプ [nóup] | 拒否。no のスラング。 |

Nope, I haven't seen him all day.
いや、今日は彼と会ってないよ。

| □ **nor** | ノーア [nɔ́ːr] | ～もまた…でない |

He had neither the experience nor the education for the job.
仕事のための経験も教育もなかった。

| □ **nothing** | ナッスィング [nʌ́θiŋ] | 何もない |
|---|---|---|

Even a little is better than nothing.
ほんの少しでも、ないよりましだ。

### その他の関連語

| □ **annihilate** アナイアレイト [ənáiəlèit] | 滅ぼす、全滅させる |
|---|---|
| □ **neuter** ニューター [n(j)úːtər] | 去勢する |
| □ **nomad** ノウマド [nóumæd] | 放浪者 |
| □ **nuclear** ニュクラー [n(j)úːkliər] | 原子力 |
| □ **nudist** ニューディストゥ [n(j)úːdist] | ヌーディスト |
| □ **null** ナル [nʌ́l] | 無効 |
| □ **naught** ノー（トゥ）[nɔ́ːt] | ゼロ ☞ naught は no と音が似ていることから「無 (=nothing)」。 |

## soup
### ■ サ・シ・ス (s-) で始まる単語は"液体"のイメージを表す

寒い日にはスープ（soup）やシチュー（stew）が

ごちそうですね。ここで取り上げる"s"で始まる語群は液体に関係するものばかりです。

寒くなると流行るのが風邪。風邪を引いて熱が出ると汗（sweat）をかきます。咳が出たら咳止めのシロップ（syrup）を服用する人がいます。フロリダ州のように寒さ知らずで、ほぼ１年中海（sea）で泳げる人たちがうらやましくなりますね。

| □ **sauce** | サース<br>[sɔ́ːs] | ソース |
|---|---|---|

Nobody makes spaghetti sauce like my mother does.
母のようなスパゲティ・ソースは誰にも真似できないわ。

| □ **scum** | スカム<br>[skʌ́m] | うきかす |
|---|---|---|

There's a layer of scum on the soup.
スープに灰汁が浮かんでいます。

| ☐ **seep** | スィープ [síːp] | 染み出る |
|---|---|---|
| Because of the rainstorm, moisture seeped into the basement. 豪雨のせいで地下室に水たまりができた。 | | |

| ☐ **sink** | スィンク [síŋk] | 流し（台） |
|---|---|---|
| The sink is backed up again. 流しがまた詰まったわ。 | | |

| ☐ **sleet** | スリートゥ [slíːt] | みぞれ |
|---|---|---|
| They're predicting rain turning to sleet tonight. 予報では今夜雨がみぞれに変わるそうだ。 | | |

| ☐ **simmer** | スィマー [símər] | 煮込む |
|---|---|---|
| The sauce needs to simmer over a low heat. ソースは弱火でグツグツ煮込みます。 | | |

| ☐ **slush** | スラッシュ [slʌ́ʃ] | 解け出した雪 |
|---|---|---|
| After the snowstorm, it got warm and the snow turned to slush. 豪雪の後暖かくなり、雪がぬかるみになった。 | | |

| ☐ **snot** | スノットゥ [snát] | 鼻水 |
|---|---|---|
| I suddenly sneezed and got snot all over my hands. 突然くしゃみをしたら、手が鼻水だらけになった。 | | |

| ☐ **spit** | スピットゥ [spít] | 吐き出す |
|---|---|---|
| The soup tasted so bad that I spit it out. スープがあまりに不味くて吐き出した。 | | |

| ☐ slurp | スラープ [slə́:rp] | すする |
|---|---|---|

Don't slurp when you drink! It sounds terrible.
飲む時にはすすらないで。ひどい音よ。

| ☐ soak | ソウク [sóuk] | 浸す |
|---|---|---|

Soaking my feet in warm water feels good.
お湯に足を浸すと気持ちいい。

| ☐ sponge | スパンジ [spʌ́ndʒ] | スポンジ |
|---|---|---|

The nurse gave the baby a sponge bath.
看護師は赤ん坊を（スポンジで体を洗う）お風呂に入れた。

### その他の関連語

| ☐ slobber<br>スラバー [slʌ́bər] | よだれをたらす |
|---|---|
| ☐ slosh<br>スラッシュ [slɑ́ʃ] | ぬかるみ ☞ sloshed は「酔っ払った」の意味です。 |
| ☐ speak<br>スピーク [spí:k] | 話す |
| ☐ suds<br>サッズ [sʌ́dz] | 石鹸水（注：複数扱い） |
| ☐ sump<br>サンプ [sʌ́mp] | 油や水を貯める穴 ☞ 油や水が溜まった状態 |
| ☐ swamp<br>スワンプ [swɑ́mp] | 沼 ☞ I'm swamped today. は「今日は大忙し(＝仕事におわれる)」。 |

## push
### ■プ・ペ(p-)で始まる単語は"困らせる"イメージ

人を押したり(push)、ピン(pin)で刺したり(poke)、悪ふざけ(prank)をするやっかいものは、どこにでもいますね。

"P"から始まる単語の中でも抵抗できないようなイメージがあり、手を使って押したり引いたり、閉じ込めたりのように、相手を困らせるというニュアンスのものが多いかもしれません。

| ☐ peeve | ピィーヴ [píːv] | 怒らせる |
|---|---|---|
| Your lying peeves me. あんたの嘘には腹が立つよ。 | | |
| ☐ pest | ペスト [pést] | やっかいもの |
| Don't be such a pest. 世話を焼かせるんじゃない。 | | |
| ☐ pester | ペスタァ [péstər] | 困らせる |
| Don't pester that poor dog. かわいそうな犬をいじめないで。 | | |
| ☐ pick on | ピック オン | いじめる |
| I'm not picking on you. あなたをいじめているわけじゃない。 | | |

| ☐ **pinch** | ピンチ [píntʃ] | つまむ |
|---|---|---|

Someone pinched my arm.
誰かが私の腕をつまんだ。

| ☐ **poke** | ポーク [póuk] | 刺す |
|---|---|---|

Don't poke me with your umbrella.
傘で刺さないでよ。

| ☐ **prank** | プランク [præŋk] | 悪ふざけ |
|---|---|---|

That was a mean prank.
ずい分陰険ないたずらね。

| ☐ **prey** | プレィ [préi] | 食いものにする |
|---|---|---|

That big company is preying on us.
あの大企業はうちの会社を食いものにしている。

| ☐ **prick** | プリック [prík] | 針などで刺す |
|---|---|---|

The nurse pricked my finger with a needle.
看護師が私の指を針で刺した。

| ☐ **prod** | プラッドゥ [prád] | 棒などで突く（転じて「励ます」） |
|---|---|---|

The sales staff needs a little prodding.
営業部には少々活を入れないとな。

| ☐ **prompt** | プロンプトゥ [prámpt] | 促す |
|---|---|---|

My friend prompted me to quit.
友達に促されて（刺激されて）会社を辞めた。

| □ **punt** | パントゥ [pʌ́nt] | 蹴る |
|---|---|---|
| I got punted out of the club.<br>クラブから放り出された。 | | |

### その他の関連語

| □ **pain**<br>ペイン [péin] | (n) 痛み、(v) 迷惑をかける |
|---|---|
| □ **paw**<br>パウ [pɔ́ː] | (n) 動物の手足、(v) 手で触ってダメージを与える (Don't paw my things.) |
| □ **peck**<br>ペック [pék] | つつくこと☞ hen-pecked husband = かかあ天下の、妻の尻に敷かれた。husband の hus は house から。 |
| □ **pump**<br>パンプ [pʌ́mp] | 圧力をかける (pump +人 for information = 人に圧力をかけて情報を引き出す) |
| □ **punish**<br>パニッシュ [pʌ́niʃ] | 罰する |
| □ **purge from**<br>パージュ フロム | 強制的に (組織など) から (人) を追放 (する) |

## stop
### ストゥ (st-) で始まる単語は"止まっている"イメージ

駅 (station) 前にある彫像 (statue) の前で、まるで石 (stone) のようにじっと立っていたら (stand still) 見つめられて (stare) しまいました。

このように、"st-"から始まる単語は「じっとしている」、「止まっている」、「静かである」などというニュアンスを持つことが多いのです。

| □ **stable** | ステイボル<br>[stéibl] | 安定した |
|---|---|---|
| I want a stable life.<br>私は安定した生活を送りたい。 | | |
| □ **stake** | ステイク<br>[stéik] | 支柱、杭 |
| Put the tent stake here.<br>テントの支柱はここに立てよう。 | | |
| □ **stall** | ストール<br>[stɔ́ːl] | 失速する、止まる |
| My car engine stalled.<br>車がエンストしてしまった。 | | |
| □ **stench** | スティンチ<br>[sténts] | 悪臭 |
| What is that stench?<br>そのひどい悪臭は何? | | |
| □ **starch** | スターチ<br>[stáːrtʃ] | 洗濯糊 |
| Your shirt needs starch.<br>君のシャツは糊付けする必要があるね。 | | |
| □ **stare** | ステア<br>[stéər] | じっと見つめる |
| Stop staring at her.<br>あまり彼女のことをジロジロ見るなよ。 | | |

| ☐ **statue** | スタチュー [stǽtʃuː] | 彫像 |

This statue is made of bronze.
この彫像は青銅でできている。

| ☐ **steady** | ステディ [stédi] | しっかりと |

Please hold the camera steady.
カメラをちゃんと持ってください。

| ☐ **stiff** | スティフ [stíf] | 固い、凝った |

My legs are stiff.
脚が凝った。

| ☐ **stout** | スタウト [stáut] | 頑丈な |

The table is too stout to break.
そのテーブルは頑丈なので壊れない。

| ☐ **stuck** | スタック [stʌ́k] | 立ち往生して、詰まって |

My car is stuck in the mud.
車が沼地で動けなくなった。

| ☐ **sturdy** | スターディ [stə́ːrdi] | 丈夫な |

I want a sturdy chair.
丈夫なイスが欲しい。

### その他の関連語

| ☐ **stack** スタック [stǽk] | 積み重ね |

| □ **pediatrician** | ピディアトゥリシャン [piːdiətríʃən] | 小児科医 |

My son had a fever, so I took him to the pediatrician.
息子が熱を出したので、小児科に連れて行った。

| □ **pest** | ペストゥ [pést] | 害虫 |

This device will get rid of all pests.
この装置を使えば、あらゆる害虫を駆除できます。

| □ **petty** | ペティ [péti] | ささいな |

Let's not argue about petty issues.
つまらないことで争うのはよそう。

| □ **pipsqueak** | ピプスクィーク [pípskwiːk] | 弱虫、チビ |

You're too small to play, you pipsqueak.
まだ体が小さいから遊べないよ、おちびさん。

| □ **piddling** | ピドリング [pídlin] | 小さい |

I don't care about such a piddling amount of money.
そんなはした金なんかどうでもいいよ。

| □ **pill** | ピル [píl] | 錠剤 |

Here, take two of these pills.
ほら、この薬を2錠飲みなさい。

| □ **pinpoint** | ピンポイントゥ [pínpɔ̀int] | ピンの先端、(転じて) 正確さ |

He throws with pinpoint accuracy.
彼は針の穴に糸を通すような正確な投球をする。

chapter **3** 音のイメージで覚える英単語

| | | |
|---|---|---|
| ☐ **pinky** | ピンキィ [píŋki] | 小指 |

I accidentally hit my pinky with a hammer.
誤って自分の小指を金槌でたたいてしまった。

| | | |
|---|---|---|
| ☐ **pit** | ピットゥ [pít] | 種 |

She swallowed a pit while eating some grapefruit.
彼女はグレープフルーツを食べたとき、種を飲み込んでしまった。

### その他の関連語

| | |
|---|---|
| ☐ **pathetic**<br>パスティック [pəθétik] | 感傷的な、見ていられない |
| ☐ **peep**<br>ピープ [pí:p] | のぞき見する ☞ peeping Tom＝のぞき見する好色な男 |
| ☐ **picky**<br>ピッキー [píki] | 選り好みする、小うるさい |
| ☐ **piffle**<br>ピフル [pífl] | つまらない話 |
| ☐ **pygmy**<br>ピグミー [pígmi] | 小人、非常に小さい ☞ ギリシャ伝説中に現れる、小人族ピュグマイオス（pygme＝肘から拳までの長さ約35cm）が語源となっています。 |
| ☐ **pinch hitter**<br>ピンチヒッター | 代打で打つ人 |
| ☐ **puny**<br>ピューニー [pjú:ni] | 小さくて弱い、つまらない |

| | |
|---|---|
| ☐ **stadium**<br>ステイディアム [stéidiəm] | 競技場 ☞元々はラテン語 (stadion スタディオン) で距離の単位を意味し、1スタディオン=約185メートルで「185 mコースを設けた競技場」という意味です。 |
| ☐ **stagnant**<br>スタグナント [stǽgnənt] | よどんだ、流れない |
| ☐ **stain**<br>ステイン [stéin] | シミ、汚れ |
| ☐ **stalwart**<br>ストールワート [stɔ́ːlwərt] | がっちりした |
| ☐ **static**<br>スタティック [stǽtik] | 変化のない |
| ☐ **stationary**<br>ステイショネリィ [stéiʃənèri] | 静止した ☞stationary と stationery(文房具,便箋)は発音で区別が付かないので、「stationary は流れない」と覚えるといいかもしれません。 |

## petty
### パ・ペ・ピ (pa-)(pe-)(pi-) で始まる単語は"小さい"イメージ

日本語を例にとって考えてみましょう。あなたの目の前で何か物音がしたとします。その音が「パン」だった場合と、「バン」だった場合とでは、どう違いますか？

おそらく「パン」のほうが「小さい音」だと感じられるはずです。これは英語でも同じ。

"pa-"、"pe-"、"pi-" は、「小ささ」「弱さ」という
ニュアンスをもつ音なのです。

pipsqueak

pebble

| ☐ **pale** | ペイル<br>[péil] | 血の気のない、青ざめた |

You look pale.
顔色がよくないね。

| ☐ **paltry** | ポールトゥリィ<br>[pɔ́ːltri] | 微々たる |

I can't buy a house on my paltry salary.
これっぽっちの給料では家なんて買えないよ。

| ☐ **pebble** | ペブル<br>[pébl] | 小石 |

There's a pebble in my shoe.
靴の中に小石が入っている。

# crash
## クラ (cr-) で始まる単語は"しわくちゃ"のイメージ

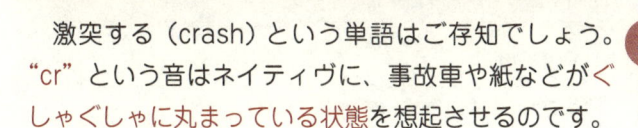

激突する（crash）という単語はご存知でしょう。"cr" という音はネイティヴに、事故車や紙などがぐしゃぐしゃに丸まっている状態を想起させるのです。

| ☐ **cram** | クラァム<br>[krǽm] | （しわくちゃに丸めて）押し込む |
|---|---|---|
| I crammed the sweater into my bag.<br>セーターをカバンに丸めて押し込んだ。 | | |
| ☐ **cramp** | クランプ<br>[krǽmp] | （脚や筋肉が）つる |
| I have a cramp in my leg.<br>脚がつった。 | | |
| ☐ **crawl** | クロール<br>[krɔ́ːl] | 這う |
| I'm too big to crawl through this hole.<br>体が大き過ぎてこの穴をくぐれないよ。 | | |
| ☐ **crease** | クリース<br>[kríːs] | 折り目 |
| These pants have a crease.<br>ズボンに折り目がついている。 | | |
| ☐ **creep** | クリープ<br>[kríːp] | そっと進む |
| I saw a lion creeping through the grass.<br>ライオンが草むらの中をしのび足で（獲物に）近寄っているのを見た。 | | |

| □ cringe | クリンジ [kríndʒ] | ちぢこまる |

I cringed when I saw the crash.
事故を目撃した時は身がすくんだよ。

| □ cripple | クリップル [krípl] | そこなう |

The accident almost crippled me.
事故で障がいを負うところだった。

| □ crooked | クルーキィド [krúkid] | ゆがんだ |

That politician is crooked.
あの政治家は腹黒い。

| □ crouch | クラウチ [kráutʃ] | かがむ |

Crouch down so you can see.
かがめば見えるよ。

| □ crumple | クランプル [krʌ́mpl] | くしゃくしゃにする |

He crumpled the business card in his hand.
彼は手の中で名刺をくしゃくしゃにした。

| □ crush | クラッシュ [krʌ́ʃ] | 潰す |

His leg was crushed by the falling rock.
彼の脚（足）は、落石によって押しつぶされた。

### その他の関連語

| □ crack クラック [kræk] | 割る |

| | |
|---|---|
| ☐ **craft**<br>クラフト [krǽft] | つくる、工芸 ☞ crafty は悪賢い、悪巧みにたけた、ずるいなどの意味があり as crafty as a fox (キツネのようにずる賢い) という表現があります。 |
| ☐ **crank**<br>クランク [krǽŋk] | 折り曲げる ☞ He is really cranky. という文で、米国では「彼は気難しい、怒りっぽい」、英国では「変人の、風変わりの」と訳されます。 |
| ☐ **crate**<br>クレイト [kréit] | つめる |
| ☐ **crick**<br>クリック [krík] | (筋肉などが) つる |
| ☐ **crimp**<br>クリンプ [krímp] | カールさせる、紙がめくれ上がっている |
| ☐ **crunch**<br>クランチ [krʌ́ntʃ] | 踏み砕く |

## brake
### バ・ブ・ボ (ba-) (bu-) (bo-) で始まる単語は"じゃまする"イメージ

　動く人や物を止める方法はたくさんあります。ブレーキ (brake)、棒 (bar) やブロック (block) などが使えます。"ba-"、"bu-"、"bo-" という音を含んだ単語には、「じゃまする」、「止める」という意味を持ったものが多いのです。

# STOP!!

| ☐ **baffle** | バフル [bǽfl] | まごつく |

I was baffled by two questions on the test.
テストで2つの問題にまごついたよ。

| ☐ **barricade** | バリケード [bǽrəkèid] | バリケード |

The police set up a barricade.
警察はバリケードを築いた。

| ☐ **bench** | ベンチ [béntʃ] | (ベンチに) 引っ込める |

I got benched halfway through the game.
試合途中でベンチに引っ込められた。

| ☐ **bind** | バインドゥ [báind] | つなぐ |

This is a binding contract.
契約は遵守してもらいます。

| ☐ **block** | ブロック [blák] | ふさぐ |

Don't block the hallway.
廊下をふさがないでくれ。

| ☐ **bog** | バグ [bág] | 身動きできない |

I got bogged down.
進退窮まってしまった。

| ☐ **boggle** | バグゥ [bágl] | しりごみする |

I was boggled by the question.
私はその質問におどろいた（ギョッとした）。

| ☐ **bother** | バザァ [báðər] | じゃまする |

I'm sorry to bother you.
じゃましてごめん。

| ☐ **boycott** | バイカッ [bóikɑt] | ボイコットする |

I'm boycotting your products.
御社の製品はボイコットします。

| ☐ **bridle** | ブライドゥル [bráidl] | 抑制する |

You need to bridle your passion.
熱を示すのもほどほどに。

| ☐ **buck** | バック [bʌk] | 逆らう |

I think we need to buck the trend.
流行には逆らうべきだ。

| ☐ **bug** | バグ [bʌg] | じゃまする |

Stop bugging me so I can finish this.
じゃましないで。これを終わらせたいんだから。

### その他の関連語

| | |
|---|---|
| □ **badger**<br>バジャー [bǽdʒɚr] | アナグマの意味ですが動詞になると、迫って困らせる☞質問攻めにしたり、何度もしつこく頼みごとをするイメージ |
| □ **bag**<br>バァッグ [bǽg] | 捕らえる☞他の人が取ろうとする前に手に入れる。日本だと母親のことを「オフクロ」と呼ぶことがありますが、英語でも my old bag と言うことがあります (あまりいい言い方ではありませんが)。 |
| □ **bamboozle**<br>バンブーズゥ [bæmbúːzl] | 困惑させる☞相手を混乱させておいて、金品などを巻き上げる |
| □ **blot**<br>ブラットゥ [blát] | 名誉などをけがす⇒インクなどの染み跡 |
| □ **bludgeon**<br>ブラジャン [blʌ́dʒən] | 強制する☞無理強いして相手を困らせる |
| □ **brick**<br>ブリック [brík] | れんが☞頼れる人 |

## cave
### ■ カ、キ、ク、ケ、コ (c-) で始まる単語は"隠れる"イメージ

犯罪を犯した人はそれを隠そうとし、犯行現場から遠く離れ、身を隠す場所を探します。昔なら、洞穴 (cave) などに身を潜めたことでしょう。

最近はインターネットを使った犯罪が目立っています。例えばデータを盗み出す犯罪に対抗するため、暗号 (code) を使ったセキュリティの重要性が説かれ

ています。

| □ **cagey** | ケイジィ [kéidʒi] | 表に出さない |

He has a cagey personality.
彼は用心深い。

| □ **clan** | クラン [klǽn] | 血縁（集団） |

Clans ruled Japan for a long time.
日本では長年血縁がものをいってきた。

| □ **coy** | コイ [kɔ́i] | 照れる |

Why are you looking so coy?
そんなに照れてどうしたんだ？

| □ **crafty** | クラフティ [krǽfti] | ずる賢い |

Watch out for him. He's crafty.
あいつには気をつけろ。ずる賢いやつなんだ。

| □ **creepy** | クリーピィ [kríːpi] | ぞっとする |

I had a creepy feeling in the graveyard.
墓地でゾクゾクした。

| □ **crime** | クライム [kráim] | 犯罪 |

The crime rate has been increasing.
犯罪率が上昇を続けている。

| □ **critter** | クリタァ [krítər] | 生き物 |

There's a critter hiding under the couch.
ソファのしたに何か（生き物が）隠れてるよ。

| □ crook | クルーク<br>[krúk] | 正直でない人 |
|---|---|---|

She's a crook. Don't trust her.
彼女は不誠実な人間だから信用するな。

| □ cruel | クルーアル<br>[krúːəl] | 残酷な |
|---|---|---|

Why are you so cruel to me?
何でそんなに私に厳しいの？

| □ culprit | カルプリットゥ<br>[kálprit] | 犯人 |
|---|---|---|

Who's the culprit?
犯人は誰？

| □ cult | カルトゥ<br>[kált] | 新興宗教、カルト |
|---|---|---|

I don't belong to a cult.
カルトのメンバーじゃないよ。

| □ cunning | カニング<br>[kániŋ] | ずるい |
|---|---|---|

You're too cunning.
あんたはずる過ぎる。

### その他の関連語

| □ closet<br>クラゼットゥ [klázit] | 隔離された（形容詞）closet novelist で自分のためだけに小説を書く人。☞ 人が近づかない場所に身を潜める。 |
|---|---|
| □ craven<br>クレイヴァン [kréivən] | 卑劣な |

| | |
|---|---|
| ☐ **crude**<br>クルードゥ [krúːd] | 無礼な |
| ☐ **crummy**<br>クラーミィ [krʌ́mi] | 品質が悪い、ひどい |
| ☐ **crypt**<br>クリプトゥ [krípt] | （教会の）地下室 |
| ☐ **curse**<br>カース [kə́ːrs] | 呪う ☞ curse words で「呪いの言葉」 |

## scam
■ サ・シ・ス・セ・ソ (s-) で始まる単語は "にせ" のイメージ

　見かけとは全然違う…という人に出会ったことがあるでしょう。ここに挙げる単語はそのような人を「だます」、「利用する」、あるいは事実とは違うことを伝える「にせ」(phony) を表します。

| | | |
|---|---|---|
| ☐ **scalp** | スキャルプ<br>[skǽlp] | 利ざやをかせぐ |

Unsavory characters try to scalp tickets at baseball games.
道徳観のない連中が球場でダフ屋行為をしようとしている。

| | | |
|---|---|---|
| ☐ **scam** | スキャム<br>[skǽm] | 詐欺 |

He tried to run a scam on the elderly, but was caught.
高齢者をペテンにかけようとしたが、捕まった。

| ☐ **scandal** | スキャンダル [skǽndl] | スキャンダル |

The politician's affair went public and was quite a scandal.
政治家の不倫が公にされ、一大スキャンダルとなった。

| ☐ **scant** | スキャントゥ [skǽnt] | いい加減に扱う |

Two items are missing–the mail order service scanted us.
品物が2つ足りない。いい加減な会社だな。

| ☐ **scheme** | スキーム [skí:m] | はかりごと |

The house renovation scheme went undetected for years.
リフォーム詐欺は長年ばれずにいた。

| ☐ **shady** | シェイディ [ʃéidi] | うさんくさい |

That operation looks shady to me.
いかがわしい作戦だな。

| ☐ **sham** | シャム [ʃǽm] | にせもの |

The kindness he showed me was a sham.
彼が示した親切はまやかしだった。

| ☐ **shark** | シャーク [ʃá:rk] | ペテン師 |

Don't believe a thing he says. He's a well-known shark.
あいつの言うことは信用するな。ペテンで有名なんだ。

| | | |
|---|---|---|
| □ **stooge** | ストゥージ [stúːdʒ] | 引き立て役 |

I trusted them, and they made a stooge out of me.
あいつらを信用してたのに、俺をコケにしやがった。

| | | |
|---|---|---|
| □ **sucker** | サッカァ [sʌ́kər] | まぬけ |

I'm such a sucker. I never should have believed that salesperson.
俺がバカだった。あんなセールスマンを信用するんじゃなかった。

| | | |
|---|---|---|
| □ **charlatan** | シャーラトゥン [ʃɑ́ːrlət(ə)n] | ペテン師 |

That actor will play a charlatan in his next movie.
あの俳優は次の映画でペテン師を演じるんだ。

| | | |
|---|---|---|
| □ **pseudo** | スードゥ [súːdou] | にせの |

He's not that smart–he's a pseudo intellectual.
大して賢くはないよ。知性派を気取ってるだけさ。
（注："p" は発音しません）

### その他の関連語

| | |
|---|---|
| □ **schemer** スキーマー [skíːmər] | 計画、構想 |
| □ **screw** スクリュー [skrúː] | だます |

chapter **3** 音のイメージで覚える英単語

| | |
|---|---|
| ☐ **shrewd**<br>シュルードゥ [ʃrúːd] | 意地が悪い<br>注：shrewd は、現在では賢明という意味で使われていますが、元来は"wicked"（意地が悪い）という意味。 |
| ☐ **smuggle**<br>スマゴル [smʌ́gl] | 密輸する |
| ☐ **snake**<br>スネイク [snéik] | 信頼できない人間 ☞日本語でも「ヘビのように狡猾」と表現することがあります。 |
| ☐ **sting**<br>スティング [stíŋ] | 騙すこと |
| ☐ **swindle**<br>スィンダル [swíndl] | 詐欺 ☞snake のような人は swindle が上手でしょうね。 |

※にせものを意味する「シャム」と「シャムネコ」は同じ発音です。

## chapter 4

### 和製英語の不思議

　発音はバッチリなのに、なぜか通じないあの単語。実は和製英語だったなんて！そんな経験はありませんか？

　日本人が英語の意味をよく理解しないでカタカナにしてしまったために間違った意味で使われるようになったカタカナ英語などのインチキ英語。でも、仕方ない話かもしれません。我々の身の回りには英語のような言葉、和製英語があふれているのですから。しかもその勘違いしたままの単語に限って日常会話の中でもよく使う日用品なども多いのが特徴なのです。

　しかしなぜそのような和製英語を使うようになってしまったのでしょうか？英語を日本語の文字で表す場合、それらの音は似ている発音をもつ日本語の文字を使って表すか、日本語で発音しやすいように省略されてしまうため、間違ってしまうようです。そんなことを考えながら正しい意味の単語をしっかり身につけていきましょう。

## outlet
**コンセント**
**家の中にあるけどアウトレット？**

　日本語で普通に使われているコンセント。もちろん電気器具コードの接続部分に使用される差込み受け口ですが、これは全くの和製英語。海外でコンセントと言ってもまず通じません！

　実はもともと consent plug という英語が「コンセント」を指していたのですが、今ではほとんどと言っていいくらい使われていません。この consent plug がまず「コンセントプラグ」というカタカナになり広まっていったのです。正解は outlet (アウトレット) と言います。電気が出てくる (out) ところなのですね。

　と言っても最近日本各地で話題のアウトレット (outlet mall 洋服などメーカー品の余剰品などを値引きして販売するショッピングモール) とは全く関係ありません。

　consent の本当の意味は「同意・承認」という意味。最近では医療で "informed consent" (状況、症状をよく説明して相手の同意を得ること) という使い方をよくします。どんなに英語っぽくコンセントと発音してもこれでは通じませんよね。

## すぐに覚えられる関連語

| | |
|---|---|
| ☐ **outlet for stress** | ストレスのはけ口 ☞ outlet は気体や液体の出口だけでなく感情の出口（はけ口）でもあるのです。 |
| ☐ **outlet store** | アウトレットストア |
| ☐ **outlaw** [áutlɔ̀ː] | 無法者、お尋ね者 ☞ 犯罪等により法の保護を受けられなくなった人物を指します。「法律の外」という意味になります。 |
| ☐ **outgoing** [áutgòuiŋ] | 社交的な |
| ☐ **consent** [kənsént] | 承認、同意 |
| ☐ **consensual** [kənsénʃuəl] | 合意にもとづいて |

## リアルに使える例文

I got my father's consent to drive his car.
父の車を運転する許可をもらいました。

He consented to help her.
彼は彼女の手助けをすることに同意しました。

Playing a sport is a good outlet for stress.
スポーツをするのはストレス解消に良いことです。

## remodel

リフォーム
家族の大改革を宣言しますか？

「来年、家を改築する予定だ」と伝えたいつもりで "I'm going to reform my house next year." とすると「来年、家を自分で改革する予定だ」とちょっとわかりづらい文になってしまいます。

reform は「(国会・内閣)を改革する」や「システム・体制・制度などを改革する」という意味で、改築などの意味で広く使われているリフォームは和製英語なのです。家を改築するには remodel を使いましょう。

またほとんどの場合、業者によって家をリフォームするので使役動詞 have を使い、I'm going to have my house remodeled next year. のように表現します。

### すぐに覚えられる関連語

| □ **house remodeling** | 家の改築 |
| --- | --- |
| □ **recognize** [rékəgnàiz] | 認識する、認める |
| □ **recoil** [rikɔ́il] | 反動、跳ね返り、後退り　recoil は反動で跳ね返るという意味で、銃を撃った際の反動の事を指しますが、驚く、後退するといった意味もあります。 |

| | |
|---|---|
| ☐ **recollect** [rèkəlékt] | 思い出す、回想する ☞ re(再び)+ collect(集める)→過去の出来事を再び拾い集める⇒思い出す、回想するとなります。 |
| ☐ **reconstruct** [rì:kənstrʌ́kt] | 再建する、再現する |
| ☐ **recover** [rikʌ́vər] | 回復する、戻る、再生する |
| ☐ **remodel a kitchen** | キッチンをリフォーム・改築する |

### リアルに使える例文

He was a criminal, but he has reformed now.
彼は犯罪者でしたが、現在は更正しています。

Martin Luther started the Protestant Reformation.
マルティン・ルターは宗教改革を始めました。

○ remodel
✗ reform

# enthusiasm

マニア
マニアの使い方にはご用心！

最近よく「私は〜のマニアです」と言うつもりで I'm a ○○ maniac. とつかう人がいるようですが、mania には熱狂の意味はなく「狂気・大人気」という意味に使われ、人に対して使う単語ではありません。

したがって「私は鉄道マニアです」と言いたいところ I have railroad mania. とすると、なんだか病的なイメージが涌いてしまい、度を越して熱狂しているニュアンスが含まれています。ちょっと怖いですね。

この場合は maniac を使って I'm a train maniac. という表現にしましょう。また mania と mad という単語は関係性があり、I'm mad about anime.（アニメが大好き）のような使い方もします。

また、mania より軽い熱狂度を表すのが enthusiasm です。

### すぐに覚えられる関連語

| | |
|---|---|
| ☐ **egomaniac** [ìːgəméiniæk] | 異常に自己中心的な人 |
| ☐ **kleptomania** [klèptouméiniə] | 窃盗癖 |
| ☐ **pyromania** [pàirəméiniə] | 放火狂 |

| ☐ **sports mania** | スポーツ熱 |
|---|---|
| ☐ **mad cow disease** | 狂牛病 (BSE) |
| ☐ **mad money** | （女性が）急な出費に備える小銭 ☞ 現在は女性のへそくりのニュアンスがありますが、その昔、デート中のカップルがケンカしたあと、怒った (mad) 女性が一人で家に帰るための手段の (taxi など) お金という意味があったようです。 |

### リアルに使える例文

She was murdered by a homicidal maniac.
彼女は殺人狂によって殺されてしまいました。

It's sick to take a mania for guitars that far.
ギターマニアもあそこまでいくと病的です。

## apartment
**マンション**
**どんなに高級でも「マンション」は"アパート"**

　ちょっと古いですが「日本の考え方でアパートは木造で2階建て、マンションは鉄筋コンクリートの建物」というとらえ方はまさに日本の考え。もしそのつもりで mansion に住んでいるなどと言おうものなら「大邸宅に住んでいるの！」と大変な誤解を招くことになってしまいます。
　賃貸マンションは、どんなに高級に見えても英語

ではapartmentと言います。よく海外で耳にするcondominiumは分譲マンション、略してcondoと言うのが一般的です。

### すぐに覚えられる関連語

| | |
|---|---|
| □ **apartment building** | 共同住宅のビルディング |
| □ **condominium building** | 分譲マンションのビルディング全体 |
| □ **presidential mansion** | 大統領官邸 |
| □ **mansion in the sky** | 天国 ☞ 聖書からの表現で、イエス様はたくさんの部屋をもっていて、それは天国にある、という意味から。 |
| □ **remainder** [riméindər] | 残り物、余り |
| □ **remains** [riméinz] | 遺体 |

### リアルに使える例文

After winning the lottery, he bought a 20-room mansion.
宝くじに当たった後、彼は20部屋ある大邸宅を買いました。

I live in a 10-story apartment building.
私は10階建てのマンションに住んでいます。

## reception
### フロント
**フロントで待ち合わせ？危険な待ち合わせかも？**

ホテルの受付を日本では「フロント」と呼びますが、これはもともとアメリカ英語の"front desk"を略したもの。もし大事な外国のお客様と「ホテルのフロントで待ち合わせしましょう」と伝えてしまうと、いつまでたっても会うことは出来ないかもしれません。

front の意味は「正面」であり、単に「前」という意味でしかないので、ホテルの正面入口と勘違いされる可能性があるのです。

フロントはせめて front desk または、一般的な表現 reception、reception desk を使いましょう。

### すぐに覚えられる関連語

| | |
|---|---|
| □ reception desk | レセプションデスク |
| □ front desk | レセプションデスク |
| □ receptionist | 受付係 |
| □ wedding reception | 結婚披露宴 |

| | |
|---|---|
| ☐ **warm reception** | 熱烈な歓迎、優遇 ☞ テレビ、ラジオ、携帯電話などの電波の「受信」という意味でも reception はよく使います。bad reception(電波の受信状態が悪い)という表現になります。 |
| ☐ **receive** [risíːv] | 受け取る |

リアルに使える例文

I asked the guy at the reception desk to recommend a good restaurant near the hotel.
私はフロントの人にホテル近くにある美味しいレストランを紹介してほしいと頼みました。

I got a warm reception when I visited his house.
彼の家を訪ねたとき、熱烈な歓迎をされました。

## sensitive
ナイーブ
ナイーブは誉め言葉にはなりません

「あなたはナイーブな感性の持ち主だ」と言えば、つまり「あなたは純粋で傷つきやすい人だ」と誉め言葉に聞こえますが、実はこの naïve はもともと「純粋な」という意味はあるものの、「世間知らず」、「甘い」、「馬鹿げている」など、とうてい誉め言葉らしからぬニュアンスを含んでいるのです。

もし You're naïve. と言ってしまうと「世間知らずのうぶな人だねぇ」と言っているのも同然。繊細だと誉めたいのであれば sensitive を使うと誤解がありません。heart をつけて You have a sensitive heart. と言えば「敏感な」、「感じやすい」という気持ちはしっかり相手に伝わりますよ。

また、naïve はフランス語の nature という言葉から、sensitive は sensor に関係しています。

### すぐに覚えられる関連語

| | |
|---|---|
| □ **sensitive to heat** | 暑がり |
| □ **sensitive about one's weight** | 体重を気にする |

| □ **horse sense** | 常識 |
|---|---|
| □ **senseless** [sénslis] | ばかな、無意味な |
| □ **natural gas** | 天然ガス |
| □ **in the all natural** | 裸 |

リアルに使える例文

It's naïve of you to believe that.
そんなこと信じるなんて君は単純だね。

I'm sensitive to heat, so I always have the air conditioner on.
暑がりなので、エアコンはいつもつけています。

## complaint
クレーム
**クレームを言いたいのに通じない!?**

　最近では「苦情を言う」よりも「クレームを言う」の方がよく使われているようです。
　しかしこの「クレーム」は、バッチリ和製英語ですから英語では通じません。苦情や文句という意味の「クレーム」にあたる単語は claim ではなく complaint です。

claim とは当然の権利としての要求や請求を表し賠償請求などには使うことは出来ますが、いわゆる文句のクレームとはニュアンスが違います。これに対し complaint はそのままズバリ「不平」、「苦情」の意味で「クレームをつける」と言いたければ make a complaint で表現できます。

空港での baggage claim は文句を言う場所じゃなくて、手荷物を引き取る場所ですよね。claim は call という単語に関係していて「うるさい人」というニュアンスが含まれています。

### すぐに覚えられる関連語

| | |
|---|---|
| ☐ **claims department** | 苦情処理部 |
| ☐ **clamor** [klǽmər] | 熱烈な叫び、怒号、わめき |
| ☐ **claim compensation** | 賠償請求 |
| ☐ **complainant** [kəmpléinənt] | 起訴原告 |
| ☐ **complainer** [kəmpléinər] | 不平を言う人 |
| ☐ **complacent** [kəmpléisnt] | 文句を言わないこと ☞ 自己満足 com(=con: 完全に)+please(喜ばす) から自己満足、一人よがりの、という意味になります。 |

> リアルに使える例文

He claimed that he was innocent.
彼は潔白だと主張しました。

There was a lot of grumbling when our pay was cut.
我々の賃金がカットされた時、多くの不平がでました。

## space heater
**ストーブ**
**台所のストーブで暖まります**

　日本でストーブといえば暖房のストーブを思い浮かべますが、英語でストーブ（stove）は通常台所の「コンロ」や「レンジ」のことを指します。昔、ガスや電気が普及する前、stove は暖房用だけでなく料理にも使われていたことが由来です。

　英語で暖房機器はヒーター（heater）という言い方が一般的です。ちなみに air conditioner を直訳すると「空気調節機」ですが、英語では air conditioner はクーラーだけのこと。日本で言うエアコンは和製英語で、正式には air conditioner and heater です。

## すぐに覚えられる関連語

| □ cooking stove | 調理用コンロ、レンジ |
|---|---|
| □ camp stove | キャンプ用ストーブ |
| □ kitchen stove | 台所用レンジ |
| □ stove burner | コンロ ☞ コンロはカタカナ表記されることが多いため、西欧語の誤解がありますが日本語です。 |
| □ kerosene stove | 石油ストーブ |
| □ halogen stove | ハロゲンストーブ |

## リアルに使える例文

A heater control valve is used to regulate coolant flow.
ヒーター制御バルブは冷却液の流れを制御するために使われます。

I have a heater in my room.
私の部屋にはストーブがあります。

We heat our apartment with a kerosene stove.
私たちは石油ストーブで部屋を暖めます。

## underpants
パンツ
どっちのパンツ?

　この言葉、日本ではどこにイントネーションを置くかで、下着かそうではないのかを区別していますね。"パ"を強く言うと下着で"ツ"だとズボンを指すとか。

　いずれにせよ、れっきとした和製英語ですのでこの際しっかり覚えてしまいましょう。

　英語で pants は trousers(スラックス)の意味になります。それでは紛らわしい下着のパンツはというと、男性用は underpants, briefs, shorts, underwear と言い、女性用は panties です。最近では日本でもアンダーウェアと言いますね。

　ちなみにいわゆる「ズボン」のことは、正式には trousers で、女性用のゆったりしたズボンは slacks と言います。

### すぐに覚えられる関連語

| | |
|---|---|
| ☐ **briefs** [bri:fs] | (下着の)ブリーフパンツ |
| ☐ **boxer shorts** | (下着の)ボクサーパンツ |
| ☐ **underwear** [ʌ́ndərwèər] | 下着 |

| | |
|---|---|
| ☐ **in one's underwear** | 下着姿で |
| ☐ **underclothing** [ʌ́ndərklòuðiŋ] | 下着の婉曲な言い方 |
| ☐ **lingerie** | 女性の下着、ランジェリー ☞ 語源は下着を意味するフランス語 (lingerie) で、もともとリネンをフランス語で lin と言っていたことから。現在では装飾性の高いものをランジェリーと呼び、通常の下着をアンダーウェアと言うようです。|

### リアルに使える例文

I think boxers are more comfortable than briefs.
私はブリーフパンツよりボクサーパンツの方が快適だと思います。

When his trousers fell down, everyone saw his polka dot underpants.
彼のズボンがずり落ちたとき、みんなが彼の水玉模様の下着を見てしまいました。

## warmer
**カイロ**
**確かにエジプトのカイロは温かい!?**

北風が吹いてくると、袋から取り出すだけですぐに

温まる使い捨てカイロがとても役に立ちますね。安価で簡便なので、現在のカイロの主流になっていると言えます。

このカイロ、カタカナにすると海外から伝わったものに聞こえますが、実は語源は日本語の懐炉(かいろ)から。懐中に入れて暖をとる道具で、元禄時代に発明されたものなのです。

このカイロ、海外でも存在していて入手することも可能なようですが、「カイロ」ではやはり通じないようです。英語では hand warmer、または pocket warmer と言います。

知らないとエジプトの首都 Cairo のことを言っていると思われてしまいますよ。

### すぐに覚えられる関連語

| | |
|---|---|
| ☐ body warmer | ダウンベスト |
| ☐ pocket warmer | 携帯用カイロ |
| ☐ foot warmer | 足温器 |
| ☐ leg warmers | レッグウォーマー |
| ☐ neck warmer | ネックウォーマー |

> リアルに使える例文

When I go skiing, I always put a body warmer under my clothes.
スキーに行くときは、いつも洋服の下にカイロを入れていきます。

I keep this pocket warmer with me for when my hands get cold.
手が冷たくなったとき用に、携帯用カイロはいつも持っています。

## gut
### ガッツポーズ
### うれしいときは、おなかを突き出す?

焼肉屋さんのメニューで「ガツ」という文字を見たことはないですか?

これは豚の胃や腸、つまり内臓の俗称なのですが、英語の guts「内臓」が語源とされています。日本語の「肝がすわっている」の「肝」と同じような意味になり、ここから「根性」→「忍耐力」→「ガッツ」という意味が派生しました。

A man with guts は「ガッツのあるやつ」という意味ですが、日本語でよく使われる guts pose( ガッツ

ポーズ) は完全な和製英語。相手には「おなかを突き出すポーズ?」と聞こえてしまいますよ。「ガッツポーズ」は「こぶしを突き上げる」ポーズだと説明しましょう。

　ちなみにラケットの「ガット」も、この gut からきているってご存知でしたか？もともとガットは動物の腸で作っていたからなのです。

### すぐに覚えられる関連語

| | |
|---|---|
| ☐ **gutsy** [gÁtsi] | 根性のある |
| ☐ **have guts** | 意地がある |
| ☐ **gut feeling** | 直感、虫のしらせ ☞ 腸や内臓を意味する gut、その腸や内臓が感じそうな感覚をもつこと、直感や第六感などを意味します。 |
| ☐ **gutted** [gÁtid] | 内臓を取り出した |
| ☐ **bust a gut** | 爆笑する、がんばる ☞ 直訳は「内臓を破裂させる」つまり(体を壊すほど)死にもの狂いで頑張る。または「内臓が破裂するほど」可笑しい、爆笑するという意味もあります。 |
| ☐ **gut reaction** | 勘、直感的反応、本能的反応 |
| ☐ **beer gut** | ビール腹 |

### リアルに使える例文

After making the shot, he raised his fists in triumph.
シュートを決めた後、彼はガッツポーズをとった。

Finishing the game with a broken hand was a really gutsy performance.
折れている手で終えた試合は、とても根性のあるパフォーマンスでした。

## bottleneck
**ネック**
「それが首なんだよ！」と言われても…!?

　英語の neck はもちろん「首」という意味ですが、この首には日本人が会話で使う「あるものの進行を妨げるもの」という意味はありません。

　カタカナ語の「ネック」は、bottleneck を略したもので「ビンの首」という意味ですが、「細い」→「流れを滞らせる」という発想から「流れを妨げるもの」の意味で使われるようになったようです。

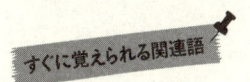

### すぐに覚えられる関連語

| □ snag | （湖底や川底の）立木で危険なもの |

| | |
|---|---|
| ☐ **hit a snag** | 思わぬ困難な問題にぶつかる ☞snagは「(船の進行を妨害する)沈み木」なので、そこから派生して「潜在的問題、思わぬ障害」という意味になりました。 |
| ☐ **strike a snag** | 思わぬ障害にぶつかる |
| ☐ **come upon a snag** | 思わぬ障害にぶつかる |
| ☐ **redneck** [rédnèk] | 田舎者 ☞野外労働で赤く日焼けしていることから、肉体労働者、貧困者などを指す差別的な言葉になります。 |
| ☐ **stiff lower-neck** | 肩凝り |

### リアルに使える例文

My plan was going well, but it suddenly hit a snag.
自分の計画はうまくいっていたのに、突然壁にぶち当たった。

Our leader is weak–that's the bottleneck for this project.
リーダーが気弱、それがこのプロジェクトのネックなんだよなぁ。

## cast
ギプス
なにを「くれる」の?

　足や手を骨折したときなどの治療に使われる「ギプス」。この言葉はドイツ語の Gips からきた言葉です。「カルテ」などもそうですが、医療に関するカタカナ語はドイツ語を起源とするものが多いのです。

　「カルテ」を英語では a medical record と言い「ギプス」は plaster cast (for broken bones)〔(骨折用の) 石膏の鋳型〕と言います。

　発音のしやすさから一般的に使われていますが、ただ「ギプス」と言うと、ネイティブには gives に聞こえてしまい「何かもらえるのかな?」なんて思われるかもしれません。

### すぐに覚えられる関連語

| □ cast [kǽst] | ギプス包帯 |
| □ compress [kəmprés] | 湿布 |
| □ dressing [drésiŋ] | 包帯 |
| □ bandage [bǽndidʒ] | 包帯、救急絆 |

| ☐ leg brace | 脚のギプス |
|---|---|
| ☐ **Band-Aid** [bǽndèid] | バンドエイド |

**リアルに使える例文**

What's the matter? Why is your foot in a cast?
どうしたの？ 足にギプスなんかしちゃって。

I used a hot compress on my sore back.
背中が痛むので、温湿布を貼りました。

## quota
ノルマ
「ノルマ」って、どんなかわいい子？

　「ノルマ」はよく使われる言葉ですが、「ノルマ」の語源はロシア語の norma。この単語の意味は仕事の割り当てのことで、第二次世界大戦後にシベリア抑留者が日本に伝えたとされています。
　しかし英語で「ノルマ」と言うと、ネイティブには、Norma という女の子の名前に聞こえてしまいます。ちなみに「マリリン・モンロー」の本名は Norma Jean。

日本語の「ノルマ」は「自分がこなすべき仕事量」という意味なので、英語にするときは quota (割り当てられた量) または production goal (生産目標)、sales goal (売り上げ目標) などにするとうまく伝わります。

### すぐに覚えられる関連語

| | |
|---|---|
| □ **production quota** | 製造ノルマ |
| □ **sales quota** | 営業ノルマ |
| □ **quota system** | 割当制度 |
| □ **daily quota** | 1日当たりの割当て[ノルマ] |
| □ **emission quota** | 排出割当 |
| □ **import quota** | 輸入割り当て |
| □ **tariff quota** | 関税割当 |

### リアルに使える例文

Our company has a quota system for the sales reps.
弊社には営業ノルマのための割当制度があります。

I have a quota I have to meet.
ノルマをこなすのに必死だ。

## beauty
エステ
「美学」の勉強をしてるの?

エステ、つまりエステティックの語源はギリシャ語の「アイスティシス＝美しいと感じる心」ですが、「エステティック」はフランス語の esthétique からきた言葉でもあります。

英語にも、esthetic という語はありますが、これは「美学の」という意味で、いわゆる美顔術の「エステ」という意味では用いません。

そして全身美容のための「サロン」は the beauty clinic と言います。ただし、「エステティシャン」は英語でも esthetician で OK です。

### すぐに覚えられる関連語

| | |
|---|---|
| ☐ **esthetics** [esθétiks] | 美学 |
| ☐ **esthetician** [èsθətíʃ(ə)n] | 美学者、エステティシャン |
| ☐ **health spa** | ヘルススパ、健康施設 |
| ☐ **beauty shop** | 美容院 |
| ☐ **hair salon** | 美容院 |

| □ **grooming parlor** | ペットの美容院 ☞ groom が語源で「毛づくろい」の意味で、犬の手入れ全般のことを「grooming（グルーミング）」と言います。 |

リアルに使える例文

I got a great massage at the health spa.
ヘルススパでとても気持ちのいいマッサージをしてきたの。

I need to go to the beauty clinic again.
そろそろまたエステに行かなきゃ。

## survey
**アンケート**
「足首の飾りをお願い」ってどういうこと？

「アンケート」はフランス語の enquête（調査）という言葉に由来していますが、英語では通じません。英語では、questionnaire（質問表）と言い、これはきちんとした質問表の場合です。

簡単な調査のために「ちょっと質問に答えて」と言いたいようなときは、a question で OK。「アンケート」と言うと、anklet（アンクレット、足首の飾り）のように聞こえてしまう可能性があるので注意。

### すぐに覚えられる関連語

| | |
|---|---|
| □ do a survey | 調査する |
| □ questionnaire [kwèstʃənéər] | 質問表、アンケート用紙 |
| □ questionnaire survey | アンケート調査 |
| □ opinion poll | 世論調査 |
| □ latest opinion poll | 最近の世論調査 |
| □ course evaluation | 受講者アンケート |
| □ customer survey | 顧客アンケート |

リアルに使える例文

I filled out the questionnaire.
アンケート用紙に記入しました。

Could I ask you a few questions?
ちょっとアンケートに答えて。

## stapler
**ホッチキス**
「熱いキスして」なんて、言ってないし！

「ホッチキス」はアメリカの発明者 Hotchkiss の名前からきたもの。商標として使われていたものが日本で広まったのですが、英語圏では「ホッチキス」では「？」という顔をされてしまいます。英語では a stapler と言い、staple は「ホッチキスでとめる」という意味の動詞なのです。

「ホッチキスの針」も staple。「ホッチキス」と言うと、ネイティブには hot kiss に聞こえてしまう可能性がありますよ！

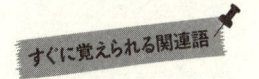

すぐに覚えられる関連語

| □ **staple** [stéipl] | ホッチキスでとじる、ホッチキスの針 |

| | |
|---|---|
| ☐ **staple gun** | 止め釘打ち機 |
| ☐ **staple dish** | 定番料理 |
| ☐ **staple export** | 主要輸出品 |
| ☐ **staple industry** | 主要産業 |
| ☐ **TV staple** | テレビの主要番組 ☞ テレビをつけると特に最近目に付く、いつもやっている番組のこと。例えば現在の日本だと「クイズ番組」や「お笑い番組」など。 |

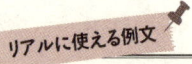

### リアルに使える例文

**Would you like to use my stapler?**
私のホッチキスを使いますか？

**Could you staple these together, please?**
これらをホッチキスで一緒にとじてくれますか？

**Rice is a staple dish in Japan.**
米は日本の定番料理です。

**Wheat is one of the country's staple exports.**
小麦は国の主要輸出品の一つです。

chapter

# 5

**色の英単語**

　色がもつイメージはその国によってまたは言語によって異なるようです。例えば未熟な人のことを日本語では「青二才」または「青くさい」などと青を使いますが、英語ではgreen(緑)をつかって He is green.「彼は経験不足だ」と表現するのです。

　ちなみに英語で青色から連想されるものはなんとセクシーな表現。欧米人にとっては、女性が着る青いドレス、青いアイシャドーなどでしょうか。日本ではピンクに「わいせつ」なイメージがありますよね。

　このように日本語と英語では色に対するイメージが大分違うので、そこを比較しながら単語や英語表現を学ぶと楽しいかもしれませんね。

## red
### 赤
### 忠誠、忠義のシンボルです

　国王や VIP の人たちが、訪問先でレッドカーペットの上を歩く光景を見たことはないですか？

　赤という色は忠誠、忠義のシンボルです。古代ヨーロッパの国々では、王室のメンバーまたは貴族しか赤い服を着ることが許されませんでした。そのくらい赤という色は高貴な色だったのですね。

　現在では特別なイベントなどでもレッドカーペットの出番は多いようです。また実際レッドカーペットがなくても、私たちは「特別な扱い」ということを意味するのに「レッドカーペット」という言葉を使ったりしますね。

　しかし、赤が常にいいイメージというわけではなく、時には警戒色にもなります。例えば "My company is in the red." これは「私の会社は赤字です」という意味ですし、"We have to go through a lot of red tape." は「私たちはたくさんのお役所仕事に直面しなければならない」などもあります。red tape とは、手続きが多いこと、お役所仕事、官僚的形式主義などを意味します。

I got caught red-handed.「私は現行犯で捕まりました」。この場合の red-handed、現行犯で逮捕の意味で、実は殺人を犯して血がべっとりと手についている時点で捕まってしまう様子からなのですが、少々怖い表現ですね。

### すぐに覚えられる関連語

| | |
|---|---|
| ☐ **red-eye flight** | 夜間飛行便 ☞ 乗客が睡眠不足で目を赤くすることから。 |
| ☐ **red flag** | （危険信号としての）赤旗 |
| ☐ **red herring** | 薫製ニシン ☞ 薫製ニシンで強いにおいを発し猟犬の注意をそらす、ということから、問題から注意をそらすための物、人を欺く［迷わせる］ものという意味になります。 |
| ☐ **red hot** | とても熱い |
| ☐ **red hot** | 絶好調の ☞ a red-hot investment |
| ☐ **red hot** | 超美人 ☞ She's red hot! |
| ☐ **red-light district** | 売春街、赤線地帯 |
| ☐ **redneck** [rédnèk] | アメリカでは貧しい白人農園労働者、（特に）偏狭な反動主義者、（一般に）南部人 |
| ☐ **redneck** [rédnèk] | イギリスではカトリック教徒 |

> リアルに使える例文

When we visited her house, we were given the red-carpet treatment.
彼女の家を訪ねた時、私たちは最高のおもてなしを受けました。

We need to roll out the red carpet when the clients visit our office.
クライアントが弊社へ来たときは、丁重におもてなしをする必要があります。

## white
### 白
**ごまかし、恐怖、やっかいなもの**

　日本で白という色は、たいてい肯定的な色であると考えられているのではないでしょうか。天使の色や純粋さを表す色として使われていますね。でも実はそうでもなさそうです。

　例えば He told a white lie.( 彼は見え透いた嘘をついた )。これは、「罪のない・たわいない嘘」、または「儀礼的なお世辞を言う」意味の文章です。あなたが全く似合わない洋服を着ている相手に対してつくお世辞も、white lie と white を使います。

他の例を見てみましょう。あなたが問題にぶつかってしまい、どうやら解決する時間がない場合。その問題を白く塗りつぶして、何もなかったように真っ白くきれいにする、つまりごまかしや粉飾の意味にもwhiteが入っている単語whitewashを使って、We can't whitewash this problem.と言います。確か、修正液のこともwhiteまたはwhitewashと言いますね。

　また、whiteは恐怖にも関係しています。Her face went white with fear.(彼女の顔は恐怖で白くなった)などの表現や、もし怖い映画を観たときなどにI got white knuckles.(怖い思いをした)というのもあります。このwhite knucklesという意味、椅子のひじ掛けをギュッと手で握ると、指の関節(knuckle)が白くなることを指すのですが、つまり恐怖や緊張で力が入ってしまった様子を表しているのですね。

　white elephantはどうでしょう。その昔タイの国王は気にくわない部下に対して白い象を贈ったとか。

　象はその体格ゆえ飼うのにお金がかかるのですが、タイで白い象は神聖なもので、ぞんざいに扱うわけにいかず、ずっと飼い続けるしかなく、そのうち贈られた方は身を滅ぼしてしまう。このためwhite elephantという表現は(お金がかかる)やっかいな

ものという意味で使われるのです。

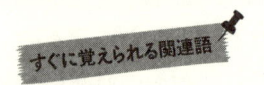

### すぐに覚えられる関連語

| | |
|---|---|
| □ **white collar worker** | サラリーマン（ホワイトカラー）☞ 白い襟の服を着る非現業部門の従業員（事務業務に従事する者）→ blue collar は生産現場で作業に携わる労働者。 |
| □ **white flag** | （降伏・休戦の印としての）白旗、白布 |
| □ **white magic** | 白魔術（善を目的として行われる魔術）☞ black magic |
| □ **white sale** | 〔米国用法〕布地製品や不要品の大売出し ☞ タオルやシーツなど白い製品の大売出しからこの名前が付きました。 |
| □ **whitehead** [(h)wáithèd] | （表面が白または黄味をおびた）にきび |
| □ **whitewash** [(h)wáitwàʃ] | ごまかし策、うわべの飾り ☞ whitewash は「水しっくいを塗る」という意味ですが、汚いものをうまく隠すようにきれいにしているというニュアンスで使用されます。 |
| □ **whiteout** [(h)wáitàut] | 〔気象〕ホワイトアウト＝強い降雪などのため視野が悪くなる現象 |
| □ **white meat** | 白（身の）肉（poultry, veal, pork など）⇔ red meat |

> リアルに使える例文

I donated all my white elephants to a charity bazaar.
チャリティーバザーに、自分のいらないもの全てを寄付しました。

Does anyone need a sofa? It's a white elephant for me.
誰かソファーいらない？不用品なんだけど。

## black
黒
**家族や仲間のもて余し者なのです**

まずはこの英文から。She felt like the black sheep of the family.（彼女は自分が家族のやっかい者のような気分だった）。

この英文の中で目を引くのが black sheep. これはことわざで There are black sheep in every flock.「どの群れにも黒い羊がいる」から由来しています。白い羊なら白い羊毛以外にも染めることによって、いろいろな色の羊毛が出来ますが、黒い羊では黒い羊毛しかできない、ということから black sheep は「やっかい者」の意味になりました。

また純白・純粋を象徴する白色と、不吉や悪を象徴する黒色のコントラストを「白い羊の群れの中にいる黒い羊」で表したとも言えるかもしれません。つまり、(所属集団の恥となるような)やっかい者、やくざ者などを意味するのです。

black は「悪」や「罪」の意味やニュアンスを持っていて、何か悪いものに関係しているものによく使われますが、暗黒をイメージさせる色なので、その結果 black を使った英語表現が多いのかもしれません。

例えば、He has a black heart.(彼は腹黒い)や I'm being blackmailed.(私は脅迫されている)などがあります。

### すぐに覚えられる関連語

| | |
|---|---|
| ☐ **blackout** [blǽkàut] | 一時的機能停止、停電 ☞ black は「黒くなる/黒くする」という意味で、out は「全く/完全に」という意味から「真っ黒になる/する」または「真っ暗になる」となります。 |
| ☐ **a black and white issue** | 白黒はっきりつける問題 |
| ☐ **black eye** | (打たれてできた)目の周りの黒あざ ☞ 日本人の目の色は brown eyes と言った方がいいでしょう! |

| | |
|---|---|
| ☐ **black market** | ブラック・マーケット、闇市（やみいち）、闇市場 |
| ☐ **blackhead** [blǽkhèd] | 中心部が黒いにきび |
| ☐ **black and white** | 単彩（画）、モノクロ（写真、映画）☞ white and black はほとんど言わない! |
| ☐ **black ice** | 路面結氷、（池などの）薄氷 ☞ 非常に薄くて透明なため、道路（地表）の色と変わらなく見えて分かりにくく、また車の運転に危険なものを指します。|

リアルに使える例文

She felt like the black sheep of the family and ran away at 16.
彼女は家族でやっかい者であると感じ、16歳の時に家出しました。

No one goes drinking with him after work because he's the blackhearted.
彼は腹黒い奴だから、仕事後の一杯を彼と共にする者は誰もいない。

## yellow
### 黄色
**愛と信頼と尊敬の色でもあるのです**

　日本では太陽を表現する場合は通常は red( 赤 ) ですが、英語を話す国では yellow( 黄色 ) と考えられています。黄色を使った英語の表現はあまり多くはありませんが、黄色のイメージは黄信号や yellow card 等と同じで、ズバリ warning「警告」。Our company has been on yellow alert since the stock market crashed. ( 株式市場がクラッシュして以来、弊社は第一次警戒警報を出している ) と、とても緊迫した状態を表現します。

　また、黄色とニワトリのイメージから「臆病者・弱虫」という意味にも使われることがあり Don't be yellow( ＝ Don't be chicken. ビクビクするな ) なんて表現もあるのです。

　でも警告や弱虫だけでなく、黄色にはポジティブなイメージも。もともとはイギリスで身を守るための色として生まれ、アメリカにわたり yellow ribbon( 黄色のリボン ) として「愛する人の戦場での無事を祈り帰還を願う」シンボルとなったのです。今では yellow や yellow ribbon は世界各国の人々に「命にかかわる大切な色」とされ、愛と信頼と尊敬を表す色

とされています。

### すぐに覚えられる関連語

| | |
|---|---|
| ☐ **yellow journalism** | 低俗かつ扇情的ジャーナリズム ☞1890年代のニューヨークで、ピュリッツァーのワールド紙とハーストのジャーナル紙が黄色い服を着た少年の登場する漫画「イエロー・キッド」を奪い合って載せたことから、扇情的な記事を売り物にする新聞を言います。 |
| ☐ **Yellow Pages** | 職業別電話帳、職業別広告欄 |
| ☐ **yellow jacket** | スズメバチ |
| ☐ **yellow dog** | くだらない人間、臆病（おくびょう）者 |
| ☐ **yellow alert** | 黄色［防空］警報、警戒警報の第一段階 ※ blue alert　青色警戒警報、空襲で第一警報（yellow）の次に出される、red alert　空襲警報、赤色防空警報 |
| ☐ **yellow-bellied** [jéloubèlid] | 臆病な（黄色＋お腹）☞トカゲのような弱い爬虫類をひっくり返すと腹が黄色のものが多いことから、捕まえると「こそこそ逃げてしまう」というところから来ています。 |

### リアルに使える例文

We shouldn't act like yellow chickens.
臆病な行動をするべきではない。

Don't trust him. He's a yellow-bellied liar.
彼のこと信じちゃだめよ。臆病者の嘘つきだから。

# green
緑色
ゴーサインは緑色

緑色は日本では、「春の訪れ」そして「新しく何かが始まる」という認識があると思います。

英語の green は草 (grass) と育つ (grow) が語源になっていますが、欧米人が感じる green は日本人よりも明るく鮮やかな色として感じているようです。

green を使った文には"have a green thumb"が有名です。この green thumb の意味は緑色の親指。つまり指が緑色になるまで植物をいじっているということから、「園芸が上手である・才がある」という訳になります。

"She's still green." これはいかがですか？この green は未熟や世間知らずの意味で「彼女はまだ未熟者だ」となります。日本語の「青二才」と同じですね、でも日本では青ですが…。

信号機でも同じことが言えます。日本では進めは「青」でも、欧米では green light と言います。

アメリカでは交通ルールが違うの？

いえ、そうではありません。色の概念が違うのです。あの信号の色を指して、英語では blue ではなく

green と言うのです。確かに、日本人の目から見ても、あの色は「緑」にも見えますが…。

ともかく、英語には「青信号」という概念はありません。日本に来て、「信号が青だよ」という言葉を初めて聞くと、アメリカの人は驚きます。

ここから「許可する」という意味で green を使い We got the green light for our project.「このプロジェクトにゴーサインが出た」という文になります。

### すぐに覚えられる関連語

| | |
|---|---|
| ☐ **green with envy** | ねたむ ☞ envy は「ねたみ / 嫉妬」の意味で、「顔が青くなるほどうらやむ」という意味です。 |
| ☐ **green card** | 米国の永住ビザ ☞ 1940 年代当初に採用されたカードの色がグリーン（現在は白）だったことに起因します。 |
| ☐ **greenback** [gríːnbæk] | ［米略式］（裏が緑の）米国ドル紙幣 |
| ☐ **greenhouse effect** | 温室効果 |
| ☐ **green-eyed** [gríːnáid] | 嫉妬深い ☞ シェークスピアのオセローに登場する緑目のモンスターに由来し、嫉妬深いという意味で使います。 |
| ☐ **green thumb** [gríːnθʌ́m] | (have a ～) 園芸の才 |
| ☐ **greeny** [gríːni] | 白人、新人 |

> リアルに使える例文

I'm going to give my green light to this project.
私はこのプロジェクトを許可します。

We finally got the green light to set up a website.
ウェブサイトのセットアップがようやく許可されました。

# blue
## 青
**めったにないことは、Once in a blue moon.**

　青い月を見たことがありますか？
　よくあることではないのですが、月が少し青く見える現象です。
　空中のちりのために、まれに月が青っぽくみえることがあり、また同じ月のうち2度満月がある時の2度目の満月はめったにないことなどが語源のようです。これを Once in a blue moon. という英文にして「めったにない＝ rarely」と表現することがあります。もし誰かがあなたに「東京に雪は降るの？」と聞いてきたら Once in a blue moon. と答えるのはいかがですか？
　blue は時に肯定的にまたは否定的のどちらにも使います。My life is filled with blue skies. の意味は素晴しい毎日を送っているという意味ですが、I'm feeling blue. は悲しくて落ち込んでいることを表しています。このようにどちらの意味にもとれるものもあるのです。
　She sings the blues. の場合は、「彼女はブルースを歌う」と「彼女はいつも元気がない」の両方の意味があります。

### すぐに覚えられる関連語

| | |
|---|---|
| ☐ **blue blood** | 貴族の生まれ、名門の出。 |
| ☐ **blue collar worker** | （青色の作業服を着るところから）生産の現場で働く労働者。 |
| ☐ **blueprint** [blúːprint] | 青写真、青焼き |
| ☐ **blue-chip stock** | ブルーチップの、一流の（株が）☞ ポーカー用のチップで、点数の高いのが「青いチップ」であることから後に「優良な」という意味を持つようになりました。 |
| ☐ **blue in the face** | （激怒・疲労などで）口もきけない ☞ 直訳は「人の顔が青くなるまで」ですが、疲れて顔の血の気がなくなるまでの意味で使われます。 |
| ☐ **the men in blue** | 警官、水夫 ☞ 警官が青い服を着ているからという説がありますが、政府側（権力者）の人間を指すこともあります。米国で青色は正義や忠誠を意味しています。 |

### リアルに使える例文

We go camping once in a blue moon.
私達はめったにキャンプには行きません。

Some families eat steak every week, but we only have it once in a blue moon.
何組かの家族は、私たちが滅多に口にすることがないステーキを毎週食べています。

# pink
ピンク
ピンク色の肌は赤ちゃんの色

　ピンクという色ほど日本語と英語の表現の違いがあるものはないかもしれません。

　日本語では、ピンク色はしばしばセクシーな色として使われることがありますが、英語では「潔白」や「純粋」の色、また赤ちゃんの色として考えられています。

　I'm in the pink. という表現はどうでしょう。英語では「健康でいい状態である」という意味になります。

　個人だけでなく会社の状況にも使えます。ピンクは心理的に興奮状態を落ち着かせ、緊張をほぐしリラックスさせる色としても知られています。

　でも pink slip という単語は少し違います。この場合の pink は「解雇状」として使われているのです。

　会社の箱の中にピンク色の通知状を見つけたら、つまりそれは悪いサインですね。現在ではこの解雇状にピンク色はあまり使われていないようですが、表現はしっかり残っているのです。

## すぐに覚えられる関連語

| | |
|---|---|
| ☐ **the pink of perfection** | 完全の極致 |
| ☐ **pink collar worker** | 女性事務員 ☞ ピンク色が従来女性と結びついた色であることから、ホワイトカラーやブルーカラーの言い方をモデルにした表現。 |
| ☐ **pink elephants** | 酒による幻覚 ☞ アルコールによる酩酊や麻薬などによって起きる幻覚症状の表現です。 |
| ☐ **pink tea** | 気取ったお茶の会 |
| ☐ **get the pink slip** | 追い出される、首になる |
| ☐ **pinkie** [píŋki] | 小指 |
| ☐ **pink eye** | 伝染性の結膜炎、はやり目 |

## リアルに使える例文

I'm feeling in the pink today.
今日はとっても気分がいいわ。

Our company is finally back in the pink.
弊社にようやく景気が戻ってきました。

chapter 5 色の英単語

## Column 3 コラム

### 接尾辞を付けてみると…!（その2）

お馴染みの単語に y を加えてみれば…想像通りの単語の出来上がり。日常会話にも使えます。

**pick** 選択、つつく ⇨ **picky** えり好みする、こうるさい

Picky, picky, picky!
「いちいち、うるさいんだよ！細かいことを言うな！」

| | | |
|---|---|---|
| **dress** 洋服 | ⇨ **dressy** | 凝った、派手な |
| **catch** 捕まえる | ⇨ **catchy** | 人の心を捕らえる、人気を呼びそうな |
| **boss** 上司 | ⇨ **bossy** | 親分風を吹かす、威張り散らす |

She's under me, but she's so bossy.
彼女は私より下なのに横柄だ。
Don't be so bossy. I know how to do it.
いばらないでよ。やり方は分かっているわ。

**if** もし ⇨ **iffy** 疑問点の多い、あやふやな、条件付きの

Tomorrow's schedule is iffy.
明日のスケジュールはどうなるかまだ分からないよ。

chapter

# 6

**動物の英単語**

　日本には「猫に鈴をつける」や「犬も歩けば棒にあたる」など動物を使った比ゆ表現があり日常生活の中で無意識に使っていますが、英語にも同じように人間の行動や性格を動物に例えて表現することがよくあるのです。日本語と同じようなものや、納得できるもの、またはあまりにも予想外で全く見当がつかないものもあります。「この単語がこんな意味になるの!?」、「このフレーズ使えそう！」、「このフレーズかっこいい！」そんな英語の意外な表現を通じて英語の面白さを発見できるかもしれません。

　そうした表現の中の感じ方、文化の違いを知ることで面白さも倍になるかもしれません。

# dog 1.
## 犬 1.
### underdogって負け犬のこと?

underdogを直訳すると「犬の下」、「下の犬」ですが、一体何のことでしょう?

実はこれは日本語の「負け犬」という意味にあたり、「(社会的な)勝負に負けた人」や「戦う前から勝ち目がないと見なされる人」、「自分で最初から勝利をあきらめてしまっている人」などを指します。

犬はもともと集団で生活する動物なので、群れの中での順位がはっきり決まっています。この表現はその中で順位の低い「下の犬」を表していて人間に対しても比ゆ的に使います。

どうやらこの言葉、もともとは闘犬用語だったようです。若い闘犬に自信をつけさせるために、わざと年を取って弱い犬と対戦させ圧勝させるといった意味として使われています。

ちなみに、反対語のoverdogは「支配階級(の1人)」という意味になります。

> リアルに使える例文

Do you usually cheer for the underdog?
負け犬を応援する？

Which team is the underdog?
どのチームが負けているの？

## ☞ dog 2.
### 犬 2.
### She's a dog. は彼女は犬ってこと？

　犬は世界中の多くの人々にこれだけ愛されている動物であるにもかかわらず、英語の世界では、実際はネガティブな使い方がとても多いのは不思議です。

　こんなのはいかがですか？ She's a dog.（彼女は犬だ）でもその女性は人間ですが。もちろん彼女が犬だと言っているのではなく、「彼女はあまり可愛くない」という意味になります。そんなことを言うひどい男性には Quit dogging me!（ひどい事言うな！）と、言ってやりましょう。

　また、なかなか別れてくれないうっとうしいボーイフレンドの事を He is dogging me.（彼が私のあとをつけるの）と言うなど、dogging には「批判する」、「後をつける」、「悩ませる」などの意味があるのです。

そんな困った男性にあなたはきっと I'm dog tired.（私は疲れ果てました）ですね。

> リアルに使える例文

He got fired for calling his secretary a dog.
彼は秘書の事を dog(ブサイク)と呼んだのでクビになりました。

She's not a beauty queen, but she's not a dog either.
彼女は美しくはないけど、ひどくはないです。

## dog 3.
### 犬3.
### dog-ear で雑誌にしるしを付けましょう

「このページのこの記事は使える！」、「ファッション雑誌のこのモデルが着ているこの洋服欲しい！」と、とっさに本のページの端を折ったことは、一度や二度あるのではないでしょうか。

この折れ曲がった状態が「犬の耳」に似ていることから "dog-ear" と呼ばれています。アメリカのペーパーバックには、日本の文庫本のような紐状のしおりが付いていないものが多いので、"dog-ear"で付け

る人が多いのかもしれませんね。

　ちなみに綴りがとても似ていても、全く違う意味なのが"dog year"（犬の年齢）。これは近年のIT業界の革新の速さを、犬の成長の早さに例えた表現なのです。犬は人間の7倍の速さで成長するとされていることから名付けられたようです。

　またdog daysという表現を聞いたことがありますか？これは7月〜9月ごろの猛暑の時期のことを指します。語源となっているのは、冬の大三角形を形づくるおおいぬ座（the Great Dog）のシリウス（Sirius）。

　別名「犬の星」（the Dog Star）とも呼ばれるシリウスは、夏の暑い時期には太陽とともに昇ります。そこで昔の人々は、「太陽の熱とシリウスの熱で、暑さが2倍になったためにこんなに暑いのだ」と信じていたのです。なかなかおもしろい発想ですよね。

　また、不景気という意味にも使われますよ。

### リアルに使える例文

I like to dog-ear the books I read.
本を読むとページの端を折るのが好きです。

Please leave all the dog ears in.
本のページの端を折ったままにしておいて。

## すぐに覚えられる関連語

| | |
|---|---|
| ☐ **top dog** | 勝者、大立者 ☞ 文字通り「群れのトップのリーダー犬」のこと。犬は集団生活する動物なので、その中の「勝ち犬」、「勝者」、「リーダー」という意味で派生しました。 |
| ☐ **watchdog** [wátʃdɔ̀(ː)g] | 番犬 |
| ☐ **police dog** | 警察犬 |
| ☐ **large dog** | 大型犬 |
| ☐ **little dog** | 小型犬 |
| ☐ **stray dog** | 野良犬 |
| ☐ **dog bar** | 犬の水飲み場 |
| ☐ **dog begging for a treat** | お預けを食った犬 |
| ☐ **dog breeder** | 犬の飼育者 |
| ☐ **work like a dog** | 犬のように働く ☞ 一般的に「懸命に（しゃにむに / せっせと）働く」という意味で、同意語で work like a horse もありますが、時代の流れで犬の方が馬よりも身近であるということなのかもしれませんね。 |

## fox
**キツネ**
You're a fox. と言われると、嬉しいですか？

　もしあなたが女性で、You're a fox. と言われたらいかがでしょうか。嬉しいですか？不愉快ですか？それとも…？

　fox はもちろん動物のキツネの意味ですが、女性について使われると「口やかましくて、やっかいな女性」という、女性にとっては嬉しくない表現として使われていたようです。

　しかし、最近では fox といえば「魅力的な若い女性」を指す言葉だと、ほとんどの人が認識しています。ただ魅力的といっても fox の場合は「気が強くてセクシーな美人」という感じを表しています。また fox の後ろに -y をつけて、foxy lady（とても魅力的な女性）と言う場合もあります。

　でもセクシーだけではありません。残念ながら fox には日本の「化かす」のイメージと同じように「だます」や「ずる賢い」というニュアンスがありますので要注意です。

### すぐに覚えられる関連語

| | |
|---|---|
| ☐ **fox hunting** | キツネ狩り |
| ☐ **an old fox** | ずる賢い男 ☞ 英語のことわざで An old fox is hardly caught in a snare.(年老いたキツネはめったに罠にかからない) というのがあります。「亀の甲より年の功」をひっかけたことわざで、長い経験の大切さを説いています。 |
| ☐ **a fox sleep** | タヌキ寝入り ☞ 英語ではタヌキではなくキツネを使って表現します。キツネは獲物を狙うとき寝たふりをして、油断した獲物が近づくと捕らえることからこの慣用句が生まれました。 |
| ☐ **play the fox** | ずるをきめこむ、人をだます |
| ☐ **fox fur** | キツネの毛皮 |
| ☐ **foxy** [fáksi] | ①抜け目のない<br>②(ワインが) ブドウの味がする<br>③(特に女性が) 性的魅力のある、セクシーな |

### リアルに使える例文

**You could get in trouble for calling an office worker a fox.**
もし OL さんに fox なんて言ったら、とんでもないことになりますよ。

**She's not a fox, but she's a nice person.**
彼女はずるくないですよ、いい人です。

## bull

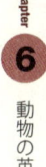

**牡牛**
**bull market って一体どんなマーケット？**

bull market とは、牛の市場という意味ではありません。株式市場用語で「強気な相場、上昇相場、上向きの市況」という意味なのです。bull(ish) は牡牛が角を空高く突き上げる様子が、「相場の上昇」というイメージに通じるというところから来ている表現です。

逆に「相場が下向きの、弱含みの、下がり気味の」という場合には bear（熊）という単語を使い、bear market と表現します。bear(ish) は、株を空売りする行為が、Don't sell the bear skin before catching the bear.「熊を捕まえる前に毛皮を売るな＝捕らぬ狸の皮算用」ということわざに関係があります。

　それぞれ、bullish market, bearish market という表現があります。この「牡牛」と「熊」のキャラクターは１９世紀後半の漫画家である Thomas Nast（トマス・ナスト）がマンガの中で使いだしてからアメリカで有名になったようです。しかし、熊にも強いイメージはあるのですが…。

　ちなみに He's a bear. と言うと「彼は弱気の投資家」の他に、「彼は頑固だ」の意味にもなります。

　また、He's a bull. は「彼は強気の投資家」になりますが、He's full of bull. は「彼は大嘘つき」と、とんでもない意味にもなるのです。

### すぐに覚えられる関連語

| | |
|---|---|
| ☐ **bull frog** | 牛蛙 |
| ☐ **bull and bear** | 強弱 |
| ☐ **bull session** | ざっくばらんな討論の時間（通常男性同士のおしゃべり） |
| ☐ **Taurus** [tɔ́ːrəs] | おうし座（星座） |
| ☐ **bully** [búli] | （弱い者いじめをする）ごろつき、いばり散らす人、（学校の）いじめっ子、がき大将 |

| | |
|---|---|
| ☐ **bulldozer**<br>[búldòuzər] | 強制する人、威嚇者、脅迫者 ☞ "bull's dose"「牡牛にふさわしいクスリ(dose)」からできた言葉で、つまり「鞭で打つこと、脅してやらせること」という意味で脅して強要する(人)/ 強引に進む(人)となったようです。作業車のブルドーザーの名前はここから取られています。 |
| ☐ **bullshit** [búlʃit] | でたらめな、うそをつく ☞ 俗語ではありますが、ただの lie と言ったのでは収まらない強い感情を表す場合によく用いられます。B.S.(ビーエス)と略されることもあります。 |
| ☐ **a bullshit artist** | うそつきの名人 |

### リアルに使える例文

The bull market ended last year.
上昇相場は去年で終わったよ。

It's unlikely that this bear market will become a bull market.
この下がり気味の相場が上がる事はないよ。

## horse

馬

**work like a horse のように、せっせと働きましょう**

英語を読んで「〜のように働く」という表現は容易に想像できたのではないでしょうか？これは英語でも

同じ意味になります。

　がむしゃらに働くというニュアンスの work like a dog に比べると、ひたむき、懸命にせっせと働く work like a horse では似て非なる表現ですね。前者は働き者でえらい、後者は働き過ぎでかわいそうというニュアンスでしょうか。

　日本語でも「馬車馬のように働く」と表現しますが、これは英語でもそのまま work like a horse と表現します。

### すぐに覚えられる関連語

| | |
|---|---|
| ☐ **horse around** | ばか騒ぎをする ☞ goof around (ふざける、怠ける)や、play around(遊びほうける)などと同じ意味です。 |
| ☐ **horse sense** | あたりまえの良識、常識 |
| ☐ **horselaugh**<br>[hɔ́:rslæf] | 高笑い |
| ☐ **horseplay**<br>[hɔ́:rsplèi] | ばか騒ぎ |
| ☐ **horsepower**<br>[hɔ́:rspaùər] | 馬力 |
| ☐ **horseradish**<br>[hɔ́:rsrædiʃ] | わさびダイコン、西洋わさび |

| □ **horseshit** [hɔ́ːrsʃit] | たわごと、だぼら ☞ 馬のようにもりもり食べる、大食いをするという意味で eat like a horse を使います。反対に少食であるということを表現すると eat like a bird になります。I could eat a horse.〔話し言葉〕腹ぺこだ |
|---|---|

### リアルに使える例文

I've been working like a horse this week.
今週は馬車馬のように働いた。

She's not very smart, but she works like a horse.
彼女はあまり賢くはないが、馬のように一生懸命に働きます。

## duck
**アヒル**
Duck! おい！ 頭に気をつけろ！

「おい、duck(あひる)！」と呼ばれても何と答えたらいいでしょうか。アヒルがいたのかな？なんてことを考えてしまいますよね。

実は duck には、「ひょいとかがんで頭を下げて身を守る」という意味があるのです。これはアヒルが水の中に頭を突っ込む動作から来ている表現です。

つまり "Duck!" は「おい、頭に気をつけろよ！ぶ

つかるぞ！」とちょっと危ない場面で登場する表現なので、覚えておくといざというときに役立つことがあるかもしれません。

注意されているのですから、言われたらとりあえず頭を低く下げましょう！

### すぐに覚えられる関連語

| | |
|---|---|
| □ **duck an issue** | 問題をさけて通る ☞ duck は動詞で「(身を)かがめる」という意味があり、(責任や攻撃)を「避ける・かわす」という意味で使われます。 |
| □ **duck and weave** | うまくかわす |
| □ **Get down!** | 下がって! |
| □ **Watch your head!** | 頭に気をつけて! |
| □ **Watch your feet!** | 足元に気をつけて! |
| □ **Timber!** [tímbər] | 落ちてくる! ☞ 切り倒す前の木を指しており、「(木が)倒れるぞ!」と切り倒すときの叫び声です。 |
| □ **Watch out!** | 危ない! |

### リアルに使える例文

By the way, we don't say "Danger!" in such situations.

ところで、こんな状態の時に「危ない！」とは言いません。

Probably the most common warning is:
Watch out!
多分、一番よく使われる警告のフレーズは Watch out!（危ない！）でしょう。

Duck!

## kitten
ネコ
young cat ってどんなネコ？

young cat ?「若いネコ?」つまり「子ネコ」kitten です。ネコのキャラクターの kitty ちゃんですが、これは幼児がネコをさすときによく使われる「子ネコちゃん」という言葉です。

kitten には子ネコのほかに「おてんばな、はねっかえり」や「おてんば娘」という意味もあります。この kitten と同じような表現を探すと skittish があります。もし英語で映画を観たり、本を読んだりしているときに、「子ネコ」という意味以外で kitten が使われているときに、そう言えば、「はねっかえり」という意味があった！と思い出すことができ、内容の理解に役立つというわけです。

また同時にぜひ、skittish という単語も思い出してみてくださいね。

### すぐに覚えられる関連語

| | |
|---|---|
| ☐ **abandoned kitten** | 捨てネコ |
| ☐ **newborn kitten** | 産まれたばかりの子ネコ |
| ☐ **sex kitten** | 〔話し言葉〕若くてセクシーな女性 |
| ☐ **have kittens** | 子ネコを産む |
| ☐ **have kittens** | ものすごく怒る☞ Mary had kittens when she saw Bob kissing Linda. 親ネコが子ネコを産むときに気が立ってイライラすることから、この表現ができました。 |
| ☐ **cat burglar** | 天窓などの窓から忍び込む夜盗 |
| ☐ **catfish** [kǽtfiʃ] | ナマズ |

### リアルに使える例文

My cat had kittens last night.
昨夜子ネコが産まれた。

I found a little kitten in the park.
公園に小さい子ネコがいました。

## kangaroo
**カンガルー**
「あなたの言っていることが分からない」が名前になった？

　カンガルーってよく考えてみると面白い名前ですよね。英語ではないようなのですが…。
　この名前の由来はとっても面白いのです。かつてオーストラリアを開拓していたキャプテン＝クック率いる探検隊が、後ろ足でピョンピョン跳びはねる動物の姿を見て、先住民であるアボリジニにその動物の名をたずねたところ、彼らは"kangaroo"（＝「あなたの言っていることが分からない」）と答えました。それを聞いた彼らが、その動物の名が"kangaroo"であると誤解したとか。もともと現地の言葉で「カンガルー類」を指す「gangurru」が語源となっていて、「跳ぶもの」を意味しているのです。

ちなみに kangaroo court（court＝裁判）とは、「八百長裁判」のことを指します。定かではありませんが、19世紀半ばにカリフォルニアで起きたゴールド・ラッシュの際、「他人の採掘した金を横取りする人」を"claim jumper"（claim＝要求、jumper＝ピョンピョン跳ぶ人）と呼んだことに由来すると言われています。

### すぐに覚えられる関連語

| | |
|---|---|
| □ kangaroo care | カンガルーのような世話 ☞ 一日中または毎日一定の時間を母親が抱いて世話をすること。 |
| □ kangaroo dog | カンガルーを追う狩猟犬 |
| □ pouch of a kangaroo | カンガルーの袋 |
| □ subjected to a kangaroo court | つるし上げを食う ☞ その裁判（court）の進行状態がカンガルーのジャンプのように、不規則で飛躍的であることから「私的裁判」、「いかさま裁判」などと言われる説があります。 |
| □ kangaroo fashion | カンガルーファッション ☞ 服の前身頃（みごろ）などに付いた大きなパッチやポケットを特徴とするファッション |
| □ kangaroo kick | カンガルーキック ☞ プロレスラーなどが両足で蹴飛ばすこと。 |

### リアルに使える例文

The home of the kangaroo is Australia.
カンガルーの生息地はオーストラリアである。

A kangaroo carries its young in a pouch.
カンガルーは子供をお腹の袋に入れている。

## monkey
サル
**サルの名前は Moneke です**

　サルは英語で monkey、小さい子供でも知っている単語ですよね。実はこの monkey という単語、もともとは固有名詞だったのです。

1701年に出版されたといわれている『Reynard the Fox』（日本語訳だと『きつね物語』）という動物の物語に登場するサルの名前Monekeがmonkeyの語源ではないかと言われています。年月が経ってこのMonekeがいつのまにか「サル」一般を指すようになったのです。

　I'll be a monkey's uncle. という表現はご存知ですか？訳すと「私はサルの叔父です」になりますが、実はこれは皮肉を込めて「信じられない」と言う時の表現になります。

　ダーウィンが1871年に発行した『The Descent of Man』（『人間の進化と性淘汰』）は世界中にセンセーションを起こしましたが、これに対してCreation（創造論）を支持する人々からは散々な批判を浴びました。その彼らの多くがI'll be a monkey's uncle.（それじゃオレはサルの叔父さんになるってことか）と皮肉ったのが、この表現の始まりとされています。

## すぐに覚えられる関連語

| | |
|---|---|
| □ **monkey business** | インチキ商売 |
| □ **have a monkey on one's back** | 麻薬中毒である ☞ 一度何かを始めたら死ぬまでやめないと言われている、サルにとりつかれているという意味です。 |

| | |
|---|---|
| ☐ **monkey cage** | 牢屋 |
| ☐ **monkey suit** | 制服、(男性用) 礼服 ☞ (かっこ悪い)<br>制服や窮屈な正装などにも使われます。 |
| ☐ **monkey wrench** | 自在スパナ |
| ☐ **monkeyshine**<br>[mʌ́ŋkiʃàin] | 悪ふざけ |

### リアルに使える例文

A monkey climbs a tree.
サルは木に登る。

Even Homer sometimes nods.
弘法も筆の誤り。

I hate dressing up in this monkey suit.
このタキシードで着飾るのがとてもイヤです。

He adjusted the bolt with a monkey wrench.
彼はスパナ (レンチ) でボルトを調整した。

## Column 4 コラム4

### 接尾辞を付けてみると…！（その3）

接尾辞を付けてみたら、ちょっとビックリ！

| | | |
|---|---|---|
| **class** クラス、部類 | ⇨ **classy** | 高級な、シックな、上等な |
| **chance** 機会 | ⇨ **chancy** | リスクが大きい、あぶなっかしい |

※日本語で考える chance と英語の chance はニュアンスが違います。chancy は chance があるわけではありません。

| | | |
|---|---|---|
| **edge** 端 | ⇨ **edgy** | いらいらした、ピリピリした、とげとげしい |

※スキーやアイススケートの靴を思い出せば、edgy の意味が分かろうというものです。

ボキャブラリー攻略法の一つは接尾辞にありました。自分でも色々調べてみるのも面白いものですよ。

## chapter 7
### 体の英単語

体の部位を使った表現が多いのは、なんと言っても日本語がダントツだと思います。日々の感情を体ごと表そうとする日本人の心が、見える気がしますよね。

例えば「首が回らない」は首が動かせない状態を指すよりも、借金でどうにもならないという意味で使うのがポピュラーでしょう。これを英語で言うと He's up to his neck in debt. と表現します。首までどっぷり漬かっているニュアンスがありますね。

英語にもやはり体の一部・部分・部位を使った英語表現で、head から heel まであり、日本語と似ていたり、全く違う表現もあります。このあたりに英語と日本語の発想法の違いが出ていて、興味が湧くと思います。

英語と日本語の微妙な差を感じながら読んでみてください。

## arm
腕
「腕をねじる」ってどういうこと？

みなさんはこの英文をどう訳しますか？ I didn't want to steal it, but they twisted my arm.

この twisted my arm の箇所ですが「腕をねじる」とはどんな意味なのでしょう？

twist someone's arm は直訳すれば「人の腕をねじる」という意味ですが、では、はたしてどんなときにそうするのでしょうか？

この動作は、人を屈服させようとして、相手の腕を背中に回して手首をねじ上げ、痛い目に合わせる、という行為を表すものです。そのため twist someone's arm は、「相手に強制する」、「無理強いする」、「圧力を加える」という意味でイディオムとして用いられるようになりました。

従って上の訳は「ぼくはそれを盗みたくなかったけど、あいつらに無理やりやらされたんだ」と、こんなふうに表現してみてください。

## すぐに覚えられる関連語

| | |
|---|---|
| □ **arm's length** | よそよそしく☞「手の長さの距離」が相手との間に存在しているということから「お互いに距離を置く関係」、「親密ではない」との意味になります。 |
| □ **armchair** [ɑ́ːrmtʃeər] | ひじ掛けいす |
| □ **armpit** [ɑ́ːrmpit] | 〔米俗〕不愉快な〔汚い、いやな〕場所、むさ苦しい所 |
| □ **armpit** [ɑ́ːrmpit] | 腋窩（えきか）、わきの下 |
| □ **arms race** | 軍拡競争 |
| □ **arms** [ɑ́ːrmz] | 武器 |

## リアルに使える例文

**You might need to twist her arm to get her to do it.**
あなたは彼女にそれをさせる必要があります。

**He twisted my arm. I had to do it.**
彼は私に強制しました。私はそれをしなければいけませんでした。

## knee

**ひざ**
**「ひざをつく」とは…？**

That company's on their knees.「会社がひざをつく」これって一体どんな状況だと想像しますか？なんとなく良い状態ではないということはわかりますが…。

on one's knees とは「両ひざをついた姿勢」を表す表現です。では、どんなときに「両ひざをつく」でしょう？これには、状況が二つあります。

一つは「祈り・嘆願・屈服・服従などのためにひざまずく」という姿勢を表します。そしてここには「低姿勢で」という比ゆ的な意味が派生します。この場合、on (one's) bended knee(s)「折り曲げたひざの上に(座る)」という表現も用いることができます。

「ひざをつく」もうひとつの状況は、疲れ果てているときです。ひざをついて、もう倒れそうになっている状態です。ここから、on one's knees は、「疲れ果てて」、「弱って」、「崩壊寸前で」、「絶望状態で」という比ゆ的意味でも用いられるようになりました。

「その会社は破綻寸前よ」これがこの英文の意味です。knee という単語でこんな表現も出来るのですね。

## すぐに覚えられる関連語

| | |
|---|---|
| ☐ **at one's mother's knee** | 子どものころ（「母親のひざで」ということから）☞ get knee to knee with ……とひざを交えて話し合う（※日本語と同じ表現） |
| ☐ **knee-high** [níːhái] | （大人の）ひざまでの高さの、小さい ☞ I knew you when you were knee-high. |
| ☐ **knee-highs** [níːháiz] | ハイソックス |
| ☐ **knee-jerk reaction** | 考えず（自然）に反応する ☞ What is your knee-jerk reaction? あまり考えずに、どう思う?直訳は「ひざ反射反応」ですが、「お決まりのパターン」、「ワンパターンな行動」、「無条件反射反応」という意味から。脚気にかかっているか否かを調べる時にひざ頭をたたくと無条件に反射して、ひざより下が前に動けば脚気ではない、まさにそんな「無条件に反応すること」という意味で使われます。jerk は「馬鹿なやつ」の意味以外に「ピクッと動く」という意味もあります。 |
| ☐ **knee-slapper** [níːslæpər] | 面白いジョーク ☞ That's a knee-slapper! そのジョークは面白い! slap は「ピシャリと打つ・たたく」で、ひざをたたいて笑うほど面白いジョーク。 |

## リアルに使える例文

I'm on my knees. Please help finish this report today.

私はもうへとへとです。今日中にこのレポートを仕上げるのを手伝って下さい。

He's on his knees. He'll do this project for any price.

彼は祈りました。彼は是が非でもこのプロジェクトをしたいのです。

## hair
髪
「打ち解ける」ためにすることは？

女性が日中髪を結んでいて、寝るときに長い髪を下ろしている海外の映画やドラマを観たことはありませんか？忙しかった一日も終わり、髪を下ろしてリラックスという場面ではないですか？

こんなときに使われる「くつろぐ」という表現にぴったりなのが let one's hair down という英語です。もちろんこの表現はそんなゆったりしたときばかりではなく、髪型や時間に関係なく使いますし、緊張している人に一声かける場合にも使えます。

例えば Let your hair down and tell me all about it. 意味は「とにかくくつろいでから、全部話して聞かせて」です。let one's hair down とは「きちんとセットした髪をといて、ゆっくりくつろぐ」という動作からきています。「結った髪をほどく」という意味から let one's back hair down という表現を用いることもあります。

また、ほかにも「ざっくばらんに話す」、「何もかも打ち明ける」、「あけすけにものを言う」などの意味としても用いられます。

### すぐに覚えられる関連語

| | |
|---|---|
| ☐ **gray hair** | 白髪まじり ☞「心配する」、「気苦労する」という意味もあり、white hair, silver hair とも言いますが gray hair の方が一般的です。 |
| ☐ **hair-raising adventure** | （興奮で）恐ろしい、ぞっとするような冒険 ☞ hair-raising は「身の毛もよだつ」という意味で、興奮してびっくりする様を表現します。 |

| | |
|---|---|
| ☐ **(have a) hair trigger** | 触発引き金、敏感な反応 ☞trigger(引き金)は通常指で引きますが、髪の毛ほどの細いものでも引き金が引けてしまうくらい敏感という意味です。 |
| ☐ **hairy** [hé(ə)ri] | 毛深い |
| ☐ **hairy problem** | 複雑な問題 ☞ hairball「髪の毛玉」というスラングがありますが、この意味には「散乱した状態 (a mess)」とか「難しい・不快なもの」があり、そこから hairy=difficult に通じているという説があります。 |
| ☐ **hair ends** | 髪の毛先 |
| ☐ **soft hair** | 柔らかな髪 |

### リアルに使える例文

You can let your hair down and relax.
くつろいでリラックスして。

On weekends, I like to stay at home and let my hair down.
週末は家でゆっくりとくつろぐのが好きです。

## finger 1
### 指
### 「指さす」とはどんな意味？

　日本では昔から人に指をさす行為は失礼に値するとよく言いますね。諸説ありますが、簡単な解釈で「指をさされた人は嫌な気持ちになる」というのは実はとても的を射ている気がします。

　英語にも大変似たものがあります。それは Don't point your finger at me! point one's finger は文字通り「指さす」という動作を表す表現です。人差し指で方向や場所、物などを指さし、その対象物を強調したり、人の注意を喚起したりする動作を示すときに使います。

　そしてこの表現は、point one's（または a、the）finger at someone という形で、イディオムとして「名指しで非難する」という意味で用いられるのです。特に、権力や地位のある人物を公然と非難する、あるいは犯人を非難するというような場合に用いられます。

　確かに、人を「指さす」ことは、相手が何か罪を犯したような場合でなければ、失礼なことですね。

　Don't point your finger at me!「私のせいにしないで！」となるのです。

### すぐに覚えられる関連語

| | |
|---|---|
| ☐ **cross one's fingers** | （人さし指の上に中指を交差させて）幸運を祈る、（…であることを）祈る ☞ 指を交差させている形が十字架に見えることから、「うまくいきますように」という意味です。 |
| ☐ **finger-point** [fíŋɡərpɔ̀int] | 告発する ☞ 人を指差すことを point a finger at と言いますが、同じ意味で使い「人を指弾する・公然と非難する」などのニュアンスがあります。 |
| ☐ **fingertip** [fíŋɡərtìp] | 指先 |
| ☐ **five-finger discount** | 万引きする ☞ 5本の指で受ける値引き（ディスカウント）という意味から、「万引き」という俗語になりました。He got a five-finger discount. |
| ☐ **sprained finger** | 突き指 |
| ☐ **trembling finger** | 震える指先 |

### リアルに使える例文

He likes to point the finger at other people.
彼はよく人のせいにします。

I'm not pointing my finger at you.
私はあなたのせいにはしていません。

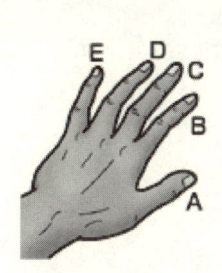

A thumb 親指
B forefinger[index finger, first finger] 人差し指
C middle finger[second finger] 中指
D ring finger[third finger] 薬指
E little finger[fourth finger] 小指

## thumb

**親指**
「親指を鼻につける」のはどんなとき？

　大人になってからはこんなジェスチャーをする機会はあまりないと思いますが、子供の頃は友人同士で、本気でもふざけても「あっかんべぇ」をしたでしょう。

　海外でも同じようなジェスチャーがあります。具体的には、親指を自分の鼻先に付けて、他の指を広げ、ひらひらさせるジェスチャーです。雰囲気をつかむために、ちょっとやってみてください。もう一つの手の親指を、鼻に付けた方の手の小指に付けて、両方の手をひらひらさせることもあります。

　これは、相手をばかにしたり、相手に反抗したりするときのしぐさです。ニュアンス的にも「あっかんべぇ」にかなり近いと言えるでしょう。

この動作のことを Thumb your nose at him! といい、直訳すると、thumb one's nose「親指を鼻につける」になります。

　そして thumb one's nose (at…) はそのまま、「(…を)ばかにする」、「あざける」、「嘲弄する」あるいは「反抗する」、「無視する」などを意味するイディオムとして用いられるのです。make a long nose (at…) も同じしぐさ、意味を表します。

### すぐに覚えられる関連語

| | |
|---|---|
| □ **all thumbs** | 不器用 ☞ 手の指が親指ばかり10本あっても、指先をうまく使うことができないことから不器用という意味になりました。 |
| □ **nose a job** | 自分の利益になることをかぎ回す |
| □ **nose around** | くんくんかぎ回る、探し回る |
| □ **nose bleeding** | 鼻血 |
| □ **the thumbs-down**<br>[θÀmzdáun] | 不満、不賛成、拒否 ☞ Let's give this proposal the thumbs-down. 人または物事に不満の意を表す意味。大勢の人が何かにブーイングをするときに親指を下に下げることがあります。古代、ローマでは、奴隷同士を戦わせるボクシングやレスリングのような見世物で、敗者を生かすか殺すかを決めるときに、殺すべきだと思ったら親指を下にしたという説もあります。 |

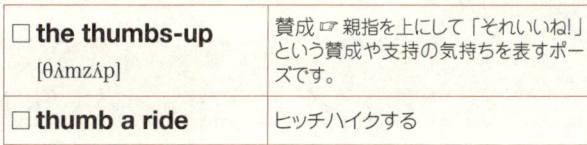

| ☐ **the thumbs-up** [θʌ́mzʌ́p] | 賛成 ☞ 親指を上にして「それいいね!」という賛成や支持の気持ちを表すポーズです。 |
|---|---|
| ☐ **thumb a ride** | ヒッチハイクする |

リアルに使える例文

Don't thumb your nose at him!
彼をバカにしないで!

He's my teacher. I can't just thumb my nose at him.
彼は私の先生です。反抗なんてできません。

# eye

目

## 「まばたきをまったくしない」顔とは?

ポーカーをご存知ですか?相手を惑わすために、わざと驚いてみせて相手の表情などを読む心理戦を特長としたゲームです。

このゲームでよく使われるのがポーカーフェイス。持ち札のよしあしを相手に知られないように表情を変えないようにすることから、心の動きを隠して作った無表情な顔つきやとぼけ顔を指します。

動揺をみせずに「まばたきをまったくしない」という様子は、英語で not bat an eyelid と言います。

この表現から出てきた比ゆ的意味には、次の二つがあります。

一つは「一睡もしない」、「一晩中まんじりともしない」という意味。

そしてもう一つは、「顔色をまったく変えない」、「平然としている」、「動揺の色を見せない」、「全然動じない」という意味です。同じ意味で、never bat an eye (または eyelash) などのような形にして用いることもあります。

また「平然として」というように副詞的に用いるときには、without batting an eye の形にします。

She sat down without batting an eye. は「彼女はまったく動揺の色を見せずに座ってたよ」という意味になります。

### すぐに覚えられる関連語

| | |
|---|---|
| ☐ **blink** | まばたき（無意識に）☞ 太陽のまぶしさに目をパチパチさせるようなときは blink を使います。 |
| ☐ **eye-catcher** [áikætʃər] | 目玉商品 ☞ 直訳の「目をつかむ」の通り、「人目を引く」や「目玉商品」などの意味です。 |
| ☐ **eye-popper** [áipápər] | はっと（びっくり）させるもの、すごい美人 ☞ popper とはポップコーンを作る器具の名前でもあるのですが、ポンと弾けて驚くというニュアンスで、「目を見張らせるもの」という意味になりました。 |
| ☐ **eyewitness** [áiwitnis] | （現場の）目撃者［証人］ |
| ☐ **wink** [wíŋk] | 意識的なまばたき ☞ 両目でも片目でもOKです。 |
| ☐ **with a poker face** | ポーカーフェイスで |

### リアルに使える例文

**He called the President on the phone without batting an eye.**
彼は大統領に平然と電話をしました。

She can give an impromptu speech without batting an eye.
彼女は即興のスピーチを平然とすることができます。

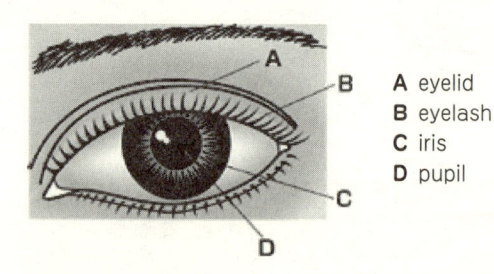

**A** eyelid
**B** eyelash
**C** iris
**D** pupil

## feet
足
**グズグズするときに引きずるものは何？**

英語には drag one's feet という表現があり、「足を引きずって歩く」という意味の日本語になります。この「足を引きずる」というと「疲れて重い足取りで歩く」というイメージが浮かびがちですが、英語の drag one's feet は「いやいやながら、グズグズと重い足取りで歩く」という様子を表します。

ここから、ある行動を「故意にのろのろする」、「ぐずぐず引き延ばす」というように、やる気のない様子

や、あるいは非協力的な態度を表すイディオムとしても用いられるようになりました。主語には、人、行動、会議などが置かれます。

They're dragging their feet. Maybe they've changed their minds.「会社側は話をグズグズ長引かせている。きっと考えを変えたんだ」という意味になります。

feet を heels（かかと）に置き換えた、drag one's heels という形も、同じ意味で用いることができます。

### すぐに覚えられる関連語

| | |
|---|---|
| ☐ **a drag** [dræg] | 退屈 ☞ This movie is a drag. |
| ☐ **drag** [dræg] | 〔俗語で〕道 |
| ☐ **drag and drop** | コンピューターでファイルなどを動かして落とす（置く） |
| ☐ **drag on** | ながながと続く |
| ☐ **drag queen** | 女装するホモセクシャルの男性 |
| ☐ **drag race** | ドラッグレース、加速（スピード）競走 ☞ drag には「(重い物を)引きずる・(土地を)ならす」などの意味があり、一直線を高速で走り去るマシンの姿や、平らな土地を走る様を "drag race" と表現したようです。 |

> リアルに使える例文

Please stop dragging your feet.
グズグズするのは止めてください。

We can't drag our feet on this project any longer.
私たちは、もうこのプロジェクトをグズグズと伸ばすことはできません。

## finger 2
指
**グッドラックのジェスチャーって？**

日本では人に幸運を願うときに「頑張って！」や「しっかりね」と言葉にして送ることはありますが、特にジェスチャーはないかもしれません。

アメリカではこんなとき Good luck! と言うのでしょうが、同時によく人差し指と中指をクロスするジェスチャーをすることがあります。これは、アメリカではクロスフィンガーと言って、Good luck! の意味です。

もともと聖なる十字架の形を表したもので、神頼みが必要な人などに向かって「あれこれ心配するな。と

にかく幸運を祈る！」という感じで使います。

　ふつう、手を肩の高さくらいまで上げて手のひらを相手の方に向け、十字を示します。クロスフィンガーは、「約束だよ」と念を押すときにも使います。よく使われるジェスチャーなので、覚えておくと便利です。

　さらにこのジェスチャーは cross one's fingers、あるいは keep one's fingers crossed (for you) という形のイディオムとしてもよく使われます。

　カッコいいので早速使ってみてください。

### すぐに覚えられる関連語

| | |
|---|---|
| □ **cross a street** | 通りを横断する |
| □ **cross one's ankles** | 足首を交差させる |
| □ **cross one's mind** | ふっと思い出す☞（人の）頭や心をよぎる、ちらっと頭に浮かぶという意味です。cross=pass through（通り抜ける）His face crossed my mind. |
| □ **cross paths** | 偶然に会う、出くわす☞ paths(道)がクロスする（交わる）ということで、運命的に出会うという意味が含まれていることから、偶然というニュアンスがあります。I crossed paths with John today. 今日ジョンと偶然に会った。 |

| | |
|---|---|
| ☐ **cross someone** | 怒らす ☞ 昔、船を邪魔するcross wind(横風)を嫌うことから、crossという単語は「怒る」、「イライラする」という意味になったと言われています。Don't cross me! 怒らせないで! |
| ☐ **crossing** [krɔ́ːsiŋ] | 横断歩道 |
| ☐ **Red Cross** | 赤十字 |

リアルに使える例文

Take it easy! I'll keep my fingers crossed for you.
大丈夫だよ!幸運を祈っているよ。

Please keep your fingers crossed for me.
約束してね。

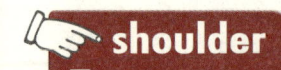

## shoulder
肩
「同情を求める」ときは、相手のどこで泣く?

「悩みを人に打ち明ける」という言い方を英語ではshoulder(肩)という単語を使います。

cry on someone's shoulder は、文字通り「人の肩に顔をうずめて泣く」という意味ですが、イディオ

ムとして、「相手に慰めや同情を求める」あるいは「悩みや心配事を相手に打ち明ける」、「愚痴をこぼす」というような意味で用いられます。

Can I cry on your shoulder? と、気になるあの娘に言われたらこんな風にカッコよく返してあげてください。My shoulder is always available for you.「ぼくの肩はいつだって君のものだよ」これは、「いつでも聞いてあげるに決まってるよ」という意味の英語らしい表現です。ぜひ！

ちなみに同じ肩でも He gave me the cold shoulder. は「私を無視した」の意味。冷たい肩という意味ですね。ただし He gave me the warm shoulder. とは言えません。ご注意を！

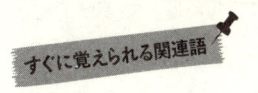

### すぐに覚えられる関連語

| | |
|---|---|
| ☐ **open up** | 心を打ち明ける ☞ 日本語でも「心を開く」という表現がありますが、この open は秘密などを公にする、打ち明けるという意味で使います。 |
| ☐ **share one's problem with** | 自分の問題を(人)に打ち明ける |
| ☐ **shoulder of the road** | 費用を負担する |

| | |
|---|---|
| ☐ **shoulder the responsibility** | 責任を負う ☞ I shoulder the responsibility for this mistake. 私はこの間違いの責任を負う。 |
| ☐ **speak one's mind** | 本心を打ち明ける |
| ☐ **(stand) shoulder-to-shoulder** | 肩を並べて、相並んで、協力して ☞ お互いの肩と肩が触れ合うくらい近くに寄り、そして心を同じくして協力する意味です。 |

リアルに使える例文

Mary is always crying on my shoulder about her boyfriend.
メアリーはいつも私に、彼についての悩みを打ち明けます。

If you feel like talking about this, please feel free to cry on my shoulder anytime.
このことで話したくなったら、いつでも私に打ち明けてね。

My shoulder is always available for you...

## lip
### 唇
### 「唇をなめる」気持ちとは？

He was licking his lips. この表現はいったいどんな気持ちを表していると思いますか？

実はこの言葉、これは文字通り lick one's lips「唇をなめる」動作を表す表現です。日本語で言うところの「舌なめずり」のような感じで、何か楽しいことを想像し、期待などに胸をはずませている「ワクワクする」様子を表すイディオムとしても用いられます。そのほか、楽しかったことなどを思い出して、そのことを楽しんでいるような場合にも用います。

また、実際にごちそうを食べながら、「舌つづみを打っている」という状況を表す場合にも用いることができます。

「舌つづみを打つ」という意味を表す表現としては smack one's lips という言い回しもあります。ただし、こちらは lick (なめる) とは異なり、閉じた口を唇でパッと音を立てながら開ける動作を表します。

## すぐに覚えられる関連語

| | |
|---|---|
| ☐ **apply lip cream** | リップクリームを付ける |
| ☐ **get a licking** | 喧嘩などで負ける |
| ☐ **give one lip** | 反発を言う |
| ☐ **lick one's chopsticks** | なめ箸 |
| ☐ **lip-sync** [lípsíŋk] | 〜の口に合わせてしゃべる（歌う）、あてレコする |
| ☐ **read lips** | 読唇する |
| ☐ **seal one's lips** | 秘密を守る ☞ 直訳の「くちびるに封をする」から。 |

## リアルに使える例文

**Something smells delicious. I can't stop licking my lips.**
何だか美味しそうな匂いがする。ワクワクするわ。

**Everyone is hungry and licking their lips.**
みんなお腹が減っていて、ワクワクしています。

## back
**背中**
「背中をたたく」とは？

　日本で「肩たたき」と聞くとなんだかゾッとしますが、英語で「人の背中を軽くたたく」という意味の pat someone on the back を使った文 I need to give her a pat on the back. は、やはり肩たたきの意味になるのでしょうか？

　英語で「背中を手のひらで軽くポンポンとたたく」のは、お祝いやねぎらいの気持ちを表すとき、また落ち込んでいる人への慰めや激励、頑張った人への賞賛の気持ちを表す動作なのです。日本語とずいぶん違いますね。

　また、give someone a pat on the back という形にして用いられることもよくあります。つまり I need to give her a pat on the back. は「ちょっと彼女に激励の言葉をかけてくるよ」という意味だったのです。

### すぐに覚えられる関連語

| □ **back and forth** | あちこちに、前後に、端から端へ、行ったり来たり |
|---|---|

| | |
|---|---|
| ☐ **back down** | あとへ引く、折れる、後退する |
| ☐ **back taxes** | 滞納税金 |
| ☐ **back-to-back** [bǽktəbǽk] | 背中合わせの |
| ☐ **break one's back** | 必死にがんばる ☞「背骨を折る」ことから、懸命に努力する、一生懸命働くという意味になります。 |
| ☐ **on one's back** | 病床についている |
| ☐ **turn one's back** | そっぽを向く |

### リアルに使える例文

Thanks for the pat on the back.
励ましてくれてありがとう。

The president gave us a bonus and a pat on the back.
社長は私たちにボーナスを渡し、誉めてくれた。

He never backs down from a fight.
彼はケンカで絶対逃げない(一歩も引かない)。

## chapter 8

## 単語同士を足して出来た単語

　分からない英単語が出てきたときあなたはどうしますか？ すぐに辞書で調べますか？ それとも無視して次に進みますか？またはどのように単語を覚えますか？ 丸暗記が得意であれば苦労しないですよね。

　むずかしそうに見える単語、やたらと長い単語、二つに分けてみたりすると知っている単語の組み合わせにも見える…。そうなんです、英単語の中には二つの単語を足してできたものがよくあるのです。一度分解してみると結構その単語を理解することができたり、すんなりと頭に入りそして忘れにくいなんてこともあるのです。

　単語をただ調べただけでは得られなかった、本当のイメージをつかむことができるかもしれません。

## aircraft
### 空気+船→飛行機

air の意味は「空気」ですが、もともと「吹く」や「息をする」を意味するギリシャ語の"aenai"から由来しています。また craft は「船」、「飛行機」または「航空機」の意味ですが、もともとは古い英語では「力」や「強さ」を表わしていました。

aircraft は air(空気) + craft(工芸、技術、船、飛行機)を足した単語で、aircraft(飛行機)と同じような意味の単語に airplane(飛行機) があります。

aircraft の中には、ヘリコプターや気球など、空を飛ぶものが多く含まれ、airplane は、飛行機の形をしたものだけを指すようです。

### すぐに覚えられる関連語

| | |
|---|---|
| ☐ **air guitar** | ギターの弾きまね |
| ☐ **air kiss** | キスのまね |
| ☐ **air pocket** | エアポケット、急激な下降気流 |
| ☐ **air-head** [éərhèd] | あほ、馬鹿 ☞ 頭が空っぽという意味ですが、いわゆる「天然ぼけ」の人を指すことが多いようです。 |
| ☐ **air-sickness** [éərsíknis] | 飛行機酔い |

| □ **airtime** [é(ə)rtáim] | 放送（開始）時間 |
|---|---|

### リアルに使える例文

Various types of aircraft use this airport.
さまざまなタイプの飛行機がこの空港を使用しています。

I sent the letter airmail.
私はこの手紙を航空便で送りました。

## brainstorm
### 脳＋嵐→突然思い浮かぶ妙案

　直訳すると脳の嵐。一体どんな状態なのでしょうか。ブレインストーミング"brainstorming"というアメリカで開発された集団的思考の技術のことを指す単語があります。自由な雰囲気で、会議などで各人が自由に考えを出し合って問題を解決したり、アイデアを出し合い、最終的に一定の課題によりよい解決を得ようとする方法です。この単語の中には"storm"（嵐）が入っているのが気になります。

　brainstorm はひらめきという意味のほかに「（発作的な）精神錯乱」という意味があります。そしてその瞬間に脳の中は storm( 嵐 ) の状態になっているとい

うことなのです。脳の活動が嵐のように渦を巻き、何か大きなことが起きるようにワクワクする状態になるのでしょう。

　ちなみにイギリス英語では brain wave と言うようですが、これもピッタリですね。でも、もしかしたらそのアイディアを出し合う様が "storm"（嵐）のようだったのかもしれませんね。

### すぐに覚えられる関連語

| | |
|---|---|
| ☐ **brain child** | 発明品 ☞ 脳から生まれた子供、つまりアイディアということで、発明品や独創的な考えを意味します。 |
| ☐ **brain damage** | 脳外傷、脳損傷 |
| ☐ **brain food** | 知能食、頭をよくする食べ物 |
| ☐ **brainwash** [bréinwàʃ] | 洗脳する |
| ☐ **brainy** [bréini] | 聡明な、頭のいい、賢い（intelligent）☞ 意外性が含まれており、ほめ言葉ではない |
| ☐ **storm warning** | 暴風雨警報 |
| ☐ **thunderstorm** [θʌ́ndərstɔ̀ːrm] | 激しい雷雨、嵐 |

### リアルに使える例文

I did some brainstorming.
ブレインストーミングをしました。

I have a brainstorm.
妙案がひらめきました。

## evergreen
**永久＋緑→常緑**

　evergreen plant とは、幹や枝に一年を通じて葉が付いていて、また一年中緑の葉を見ることができる植物のことです。そのような性質を常緑性と言い、つまりいつも美しい緑を保っているのです。

everは古い英語で「いつも」、「常に」という意味で、"forever","everlasting","never","every"など身の回りにはこのeverがついた単語がたくさんありますね。

greenはもちろん緑という意味ですが、古い英語では「育つ」という意味でした。そしてこの二つの単語が一緒になり、いつまでも色あせない美しいという意味になったのです。

### すぐに覚えられる関連語

| | |
|---|---|
| ☐ **everglade** [évərglèid] | 沼沢地、低湿地 |
| ☐ **everlasting** [èvərlǽstiŋ] | 永遠、永遠の |
| ☐ **forever** [fɔːrévər] | 永遠の |
| ☐ **every so often** | 時々、繰り返して |
| ☐ **every which way** | 四方八方に、めちゃくちゃに |
| ☐ **ever-changing** [évər tʃéindʒiŋ] | 絶えず変わる ☞everは「ずっと」というニュアンスがありますが、「過去から現在＝かつて／今までに」、そして「現在から未来＝これからもずっと／永久に」のどちらにも使えますが、ever-changingは過去から未来にかけて、両方にまたがっている単語です。 |

**リアルに使える例文**

I planted an evergreen because I wanted something that would look nice in every season.
いつの季節でも楽しめるような何かステキなものが欲しかったので、エバーグリーンを植えました。

He promised to love her forever.
彼は彼女と永遠の愛を約束しました。

## fingerprint
### 指+跡→指紋

　finger は「指」の意味。five つまり 5 本の指という意味から由来していると言われています。

　print には「印刷する」という意味もありますが、「〜の跡をつける」または「跡」の意味もあります。つまり、fingerprint は「指の跡を付ける」ということになり、「指紋を取る」、「指紋」の意味です。

　覚えるのには便利な単語ではないでしょうか。

## すぐに覚えられる関連語

| | |
|---|---|
| ☐ **block print** | 版画、木［銅］版画 |
| ☐ **printing house** | 印刷所 |
| ☐ **printing press** | 印刷機 |
| ☐ **thumbprint** [θʌ́mprint] | 親指の指紋 |
| ☐ **footprint** [fútprint] | 足跡 ☞ 環境問題で使われる carbon footprint(二酸化炭素排出量)、ecological footprint(人間活動が環境に与える負荷＝廃棄物の浄化に必要な面積)はどちらも環境マナー標語として使われていますが、この場合の footprint は「地球環境を踏みつけた跡」という比ゆからきており、悪い意味で使われています。 |
| ☐ **paw print** | 動物の足跡 |
| ☐ **in print** | 入手可能な ☞ 本が印刷(print)されて、活字になって手に入るといった意味があります。反語は out of print(絶版) |

### リアルに使える例文

The police identified the criminal through his fingerprints.
警察は彼の指紋で犯人を特定しました。

He left footprints in the fresh snow.
彼は新雪に足跡を付けました。

## henpeck
### 鶏＋つつく →〔男が〕尻に敷かれた

何百年もの間、hen とはめんどりのことを意味していましたが、おせっかいな女、または小うるさい女という意味も持ち合わせています。

peck(餌をつつく)は pick(つつく)から派生しています。hen と peck を一緒にして、イメージしてください。めんどりがつつく、つまり小うるさい女がつついているのは夫、つまり夫をコントロールする女性、奥さんにガミガミ言われる夫の姿が浮かびませんか？

この単語は「男を尻に敷く」という動詞になるのです。

### すぐに覚えられる関連語

| | |
|---|---|
| ☐ **Keep your pecker up!** | (英)元気出して！☞ pecker は「つっつく人物」、「くちばし」の意。イギリスでpeckerは「勇気／元気」という意味で「君の勇気を奮い立たせろ＝元気を出して」となります。 |
| ☐ **hen party** | 女性だけのパーティー ☞ hen は「めんどり」のことで、もともとあまり良い意味がありません。「ガミガミうるさい女」、「落ち着かない女」として使われることがあり、「ガヤガヤとした集り」のニュアンスが含まれています。 |
| ☐ **henhouse** [hénhàus] | 鶏小屋 |

| | |
|---|---|
| ☐ **pecker** [pékər] | 〔米俗〕ペニス |
| ☐ **pecking order** | （人間動物社会の）序列、階層 ☞ 鳥類にも序列があり、序列の上位の鳥は下位の鳥をつつく（peck）が、下位の鳥は上位の鳥をつつき返さないということに由来します。 |
| ☐ **woodpecker** [wúdpèkər] | キツツキ |

> リアルに使える例文

Her husband is so henpecked that he will do anything his wife tells him to.
彼女の夫は尻に敷かれているので、彼は彼女の言うとおりにします。

My wife gave me a quick peck on the cheek as she was leaving.
妻は出かけるときに頬に軽いキスをしました。

## landmark
### 土地+印→目印（めじるし）

landmark は日本語で目印、または目立つ建物などの意味です。land は土地、mark は印。はじめての土地を訪ねたとき、または同じようなビルが続く街では方向感覚を失ってしまうことが多く、その土地の印象は残りません。

landmark はその土地の顔であり、方向を定める場合の手軽な道案内としての役割があります。行き先や目的地を見つけるための大事なしるしなのです。歴史的建造物、名所旧跡などの意味でも使われます。

### すぐに覚えられる関連語

| | |
|---|---|
| ☐ a black mark | 罰点、黒星 |
| ☐ question mark | 疑問符 |
| ☐ hit the mark | 的中する、成功する |
| ☐ mark down | 値下げする |
| ☐ Mark my words! | 私の言うとおりだから見ていてごらん！☞ Mark the word 〜で「〜に印をつけなさい」ですが、my words になると「私に注意を払う・私に注目する」という意味になります。 |

| ☐ **miss the mark** | 的をはずす、失敗する |
| --- | --- |
| ☐ **the halfway mark** | 中間地点 |

### リアルに使える例文

The Eiffel Tower is Paris' most famous landmark.
エッフェル塔はパリで最も有名なランドマークです。

"Gone With the Wind" was a landmark in the history of filmmaking.
『風と共に去りぬ』は映画制作の歴史のなかでも画期的な作品です。

## potluck
### 鍋＋運→持ち寄りパーティー

　potluck はあり合わせの料理を食べるという意味ですが、potluck party (ポットラックパーティー) や potluck supper (ポットラックサパー) と言えば、パーティーに参加するメンバーがそれぞれ食べ物を一品ずつ持ち寄って、楽しむ持ち寄りパーティーのこと。海外ではよく行なわれます。

　potluck の pot は鍋、luck は運です。もともとネ

イティブアメリカンの potlatch という習慣から由来しています。これは自分の地位が向上したこと、あるいは裕福になったことを誇示するために、祝宴を開き、招待客に豪華な贈り物をした儀式です。

potluck を直訳すると「鍋の運」ですね。持ち寄ったものの鍋を開けるとき、それがいいものか、悪いものかは、luck による (運を天にまかせる) という意味があるのです。

開けて食べてみるまで中身が分からない、まるで闇鍋のようですが、このワクワク感を楽しむというのはまさに potluck ですね。

### すぐに覚えられる関連語

| □ Lady Luck | 幸運の女神 |
| --- | --- |
| □ beginner's luck | 初心者の初当たりや幸運、素人（しろうと）のまぐれ当たり |
| □ dumb luck | まぐれ ☞ I won, but it was dumb luck. |
| □ pot belly | 太鼓腹、太鼓腹の人 |
| □ potted plant | 鉢（はち）植えの植物 |
| □ rotten luck | 不運 ☞ rotten はもともと「腐った」、「不潔な」の意味があり、口語だと「不快な」、「最低な」で使われることが多く、rotten luck で最低な運として使われています。 |

リアルに使える例文

**We're going to have a potluck party.**
ポットラックパーティーを開きましょう。

**Why don't we do potluck?**
ありあわせのもので料理しない？

## seaweed
### 海＋雑草→海藻、海草

　日本人にはとてもなじみが深い海藻。私たちほど多くの海藻を食用にしている民族は世界的に少ないようで、欧米で食用として常食する国はまだまだ少ないようです。あんなビニールみたいなものは気持ち悪くて

食べられないと、いまだに多くの欧米の方は思っているのではないでしょうか。

海 (sea) の中で育つ草 (weed) ということで seaweed に間違いないでしょうが、最近ではこのミネラルたっぷりのヘルシーフードの seaweed はとても注目されていて、「海の雑草」から「海の野菜」に格上げされているのかもしれません。

### すぐに覚えられる関連語

| | |
|---|---|
| ☐ **alien weed** | 外来雑草 |
| ☐ **weed killer** | 除草剤 |
| ☐ **weed a garden** | 庭の雑草を取る |
| ☐ **smoke weed** | マリファナを吸う ☞ weed はスラングで「マリファナ」を意味します。 |
| ☐ **weed out** | 取り除く、除去・削除する |

### リアルに使える例文

Seaweed is rich in minerals.
海藻はミネラル分が豊富だ。

She wrapped a rice-ball in seaweed.
彼女はおにぎりに海苔を巻いた。

## seasick
### 海＋病気→船酔い

　seasick の直訳は海の病気。海の具合が悪いのでしょうか？いえいえ、具合が悪いのは海の上にいる私たち人間の方です。主に海上で、船やボートの揺れが原因でフラフラしたり、吐き気がしたりする状態、つまり船酔いしたという意味なのです。

　sea(海)と sick(病気)をくっつけて seasick(船酔い)という意味の形容詞になります。get seasick で I get seasick easily.(船に弱いんだ)と表現できますし、また seasickness は船酔いの状態を表す名詞になります。

### すぐに覚えられる関連語

| | |
|---|---|
| ☐ **airsick** [é(ə)rsìk] | 飛行機酔い |
| ☐ **carsick** [ká:rsìk] | 車酔い |
| ☐ **bus sick** | バス酔い |
| ☐ **sick bag** | （飛行機の座席にある）乗り物酔い用の袋 ☞ 通称「エチケット袋」と言います。 |
| ☐ **sickening** [síkəniŋ] | 吐き気（不快感）を起こさせる、胸の悪くなるような |

| □ **sicko** [síkou] | 変質者 ☞ sick(病気)に"o"をつけたスラングで、病人、変人という意味。 |

**リアルに使える例文**

On my first day on the ship, I felt a little seasick.
船の上の初日、少し船酔いしていると感じました。

My son gets carsick, so we usually go by train.
息子が車酔いをするので、通常電車で出かけます。

## heartbeat
### 心臓＋たたいて出る音→心拍

　heartbeat の意味は「心拍」や「心臓の鼓動」という意味。「心臓」を意味する heart と「叩く」を意味する beat が合わさった単語です。心臓が鼓動する(叩く)という意味ですね。

　また、もともと heart には喜怒哀楽などが宿る「感情」というニュアンスが含まれているので、胸がときめいてドキドキするという意味もあります。

　「すぐに戻ります」という意味の文にしたい時、in

a heart beat「心臓の一鼓動で＝すぐに」を入れて I'll be back in a heart beat. となります。

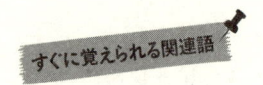

### すぐに覚えられる関連語

| | |
|---|---|
| ☐ **irregular heartbeat** | 不整脈 |
| ☐ **fast heartbeat** | 脈がはやい |
| ☐ **slow heartbeat** | 脈が少ない |
| ☐ **heartache** [háːrtéik] | 悲嘆、心痛 ☞ この ache は痛みという意味がありますが、「長く続く鈍い」うずくような痛みを表し、pain は「鋭い痛み」のニュアンスがあります。 |
| ☐ **heart attack** | 心臓発作 |
| ☐ **heartbroken** | 胸が張り裂けるような、失意の |

### リアルに使える例文

No heartbeat can be heard.
鼓動が聞こえない。

I felt my heartbeat quicken.
私は心臓の鼓動が速くなるのを感じた。

著者
■ **デイビッド・セイン**　David A. Thayne
米国出身。証券会社勤務を経て来日し、翻訳・通訳、英会話学校経営など多岐にわたって活躍。数多くの語学書を執筆。著書は『その英語、ネイティブにはこう聞こえます』(主婦の友社)など100点以上。大人気のAtoZ英語学校(東京・根津／春日)の校長も務める。
http://www.atozenglish.jp

プロデューサー
■ **仲田光雄**　Mitsuo Nakata
福岡県出身。ハワイに長期滞在後フリーライターとなる。その後、大手英会話スクールで異文化情報誌の編集長、英語関連書籍のディレクターを経て独立。幅広いネットワークを生かし、音楽・出版・webなどのメディアプロデューサーとして活躍中。
http://ameblo.jp/nakata-m

本文デザイン／クリエーターズ・ユニオン
イラスト／あかしきょうこ、くどう亜紀
DTP製作／センターメディア

---

**読むだけで英単熟語1200が身につく!**
# 語源で英語力を磨く本

| | |
|---|---|
| 著　者 | デイビッド・セイン |
| 発行者 | 永岡　修一 |
| 発行所 | 株式会社永岡書店 |
| | 〒176-8518　東京都練馬区豊玉上1-7-14 |
| | 代表 03 (3992) 5155 |
| | 編集 03 (3992) 7191 |
| 印　刷 | 精文堂印刷 |
| 製　本 | コモンズデザイン・ネットワーク |

ISBN978-4-522-42937-2 C0082
落丁本・乱丁本はお取り替えいたします。
本書の無断複写・複製・転載を禁じます。　①